La Enigmática Historia de un Águila Enamorada

REBELDE, AVENTURERA Y SOÑADORA, UNA INSPIRADORA HISTORIA

SARITA EAGLES

ISBN: 9798680696118

Copyright ©2020 Sarahí García Callejas

DEDICATORIAS

*A la **Vida** misma, **Dios** y el **Universo** por mostrarme siempre la dirección correcta y persuadirme para no dejar pasar las oportunidades cuando se presentan.*

***A mis padres** por darme la vida y brindarme su compañía, respaldo y afecto, forjando la extraordinaria persona que soy.*

***A mi hermana** por su apoyo incondicional y ejemplo de vida, fortaleza, perseverancia, crecimiento y transformación.*

***A todas las personas que se han cruzado en mi camino**, llenándome de momentos memorables, recuerdos inolvidables, y aventuras extraordinarias.*

*A mi **angelito de 4 patas** por enseñarme el valor de la lealtad y el amor más puro e incondicional.*

***A Francisco Navarro Lara** por motivarme a consolidar uno de mis grandes sueños que durante largo tiempo había postergado.*

AUTOBIOGRAFIA

"Sarita Eagles" surge a partir del gusto y admiración que la autora va sintiendo por uno de los animales más poderosos y elegantes, **"las águilas"..** Usándolo como seudónimo en sus redes sociales y ahora como firma de su primer libro.

Su verdadero nombre es Sarahí García C., una mujer extraordinaria que con apenas 30 años de edad y su ejemplo ha logrado impactar la vida de muchas personas.

Rebelde, impaciente, aventurera y soñadora, siempre buscando nuevos retos, imparable y controladora.

A pesar de su realidad circundante, confiada siempre en conocer y construir otras realidades.

Amante de la perfección, buena música, chocolate y comida pero no tanto de las rutinas.

Mexicana orgullosa, Lic. En Educación Preescolar y con Maestría en Educación, al frente de generaciones de pequeños de 4 y 5 años, así como familias y colegas que le han acompañado a lo largo de varios años.

Corredora, deportista, lectora y escritora en sus ratos libres, concretando y publicando finalmente su primer libro.

Ha tomado varios cursos, seminarios y talleres que le han permitido crecer y transformar favorablemente su vida tanto personal como profesionalmente, a partir de lo cual ha podido compartir, aconsejar y ayudar a otros en su proceso.

Cuenta con una Fan Page llamada "Corazón de Águila", en la que puedes contactarla y leer algunas reflexiones, canciones e historias que contribuyan a tu Desarrollo Personal. Algunos escritos son de su autoría, otros más, son compilaciones relevantes que rescata de sus libros favoritos y páginas de su interés que le siguen aportando mucho a su crecimiento y transformación personal.

Soltera y comprometida con la vida, su trabajo, familia y amigos, ha recorrido bellos paisajes de su hermoso país y parte del mundo, residiendo actualmente en el hermoso estado de Querétaro.

SOBRE ESTE LIBRO

Sarahí García siempre ha sido mejor para escribir que para hablar, forteleciendo su habilidad a lo largo de su vida, escribiendo cada que tiene oportunidad y que una idea o reflexión a su mente llega.

Algunos de sus amigos y conocidos ante sus cartas interminables y un par de escritos breves e interesantes, así como historias de vida muy peculiares, solían animarle para que con todo ello escribiera un libro.

Ha escrito muchos textos en el ámbito académico y profesional, pero escribir un libro de vida e interés personal, había sido siempre un proyecto postergado, un sueño que finalmente ha logrado ser concretado.

Transformando la crisis mundial en una excelente oportunidad personal al tener tiempo extra, con un cambio de mentalidad, acciones y metas definidas, receptiva ante la vida más que nunca.

La Enigmática Historia de un Águila Enamorada surge como parte importante de un proceso de transformación en el que resulta necesario ir haciendo un recuento de toda una vida, experiencias personales y algunos observadas de personas alrededor, es lo que conforma todo lo que leerás a continuación.

Escribir es sin duda una de las mejores estrategias de sanación, pues al hacerlo recuerdas y al mismo tiempo te liberas, reviviendo experiencias, agradeciendo, bendiciendo e incluso divirtiéndote con ellas.

Con la certeza de no desear borrar de tu vida ninguna de ellas pues gracias a cada una se va conformando tu ser y puedes compartir con el mundo que te rodea, aprendizajes basados en verdaderas experiencias.

Un escrito que comenzó con un simple ejercicio, con la motivación y apoyo correctos en el momento preciso se decidió convertirlo en un libro, aprovechando la oportunidad que brinda la era digital.

INDICE

INTRODUCCIÓN

El águila es el personaje principal de la historia, una historia de vida que puede ser parecida a la tuya, o quizás, encuentres similitudes con la vida de algunas personas a tu alrededor.

El origen real no es del todo relevante, el águila desea que le acompañes en este viaje y que línea tras línea puedas comprender un poco mejor el mundo circundante, a través de sus ojos y sus vuelos incontables.

Tal vez mucho de lo que hay aquí ya lo sabes, lo has vivido, aprendido o leído en alguna parte; sin embargo, si este libro ha llegado a tus manos, es porque seguramente algo de el estabas necesitando.

No haremos muy largo el intro para que puedas comenzar y descubrir lo que el águila indomable desea mostrar.

Siete capítulos resumen una historia peculiar, el primero y el segundo muy livianos estarán, contextualizándote un poco sobre sus primeros años de vida, de cero a 15 o un poco menos, un poco de la joven polluela conocerás.

Dando paso al tercero, donde el águila comienza a madurar y su enorme corazón late y late sin parar, el capítulo más largo que aquí vas a encontrar, muchos personajes curiosos, lágrimas, risas y más, viendo como en las relaciones, si así se les puede llamar, el águila enamoradiza no para de fracasar.

Fracasos que para muchos implicaría nunca lograr volar, debilitando a cada paso su palpitar, derrumbando sus sueños y frustrando su vida sin cesar. Pero como esta es una historia peculiar, tras cada "fracaso" amoroso, el águila sufre un rato pero luego se levanta con más fuerza y voluntad, transformándose y creciendo, cada año un poco más.

Los 3 últimos capítulos te permitirán conocer un poco del camino que el águila fue recorriendo para lograr romper cadenas mentales y pasajeras, sanar pasados que le impedían volar como ella deseaba, descubriendo nuevos mundos y atreviéndose a dejar la rama que durante muchos años la cobijaba.

Un camino de rosas y espinas que a una buena edad logra dominar, forjando un presente diferente que le permita construir un futuro sin nada ni nadie a quien culpar, aceptando, valorando, reconociendo y amando su ser de forma incondicional.

Un proceso que termina y mil un aventuras que vienen y van, un corazón fortalecido y una mente amiga que le permiten desplegar sus alas, sin miedos ni ataduras para volar con absoluta libertad, teniendo el cielo a sus pies y muchos sueños y metas que desea convertir en realidad.

Una escritura revuelta como su vida de principio a final, mucho que leer entre líneas, otro tanto en forma literal, deseo disfrutes en grande y algo en ti pueda generar La Enigmática Historia de un Águila Enamorada.

CAP. 1 ROMPIENDO EL CASCARÓN

Había una vez en un pequeño y apacible poblado, una pareja de comerciantes que tras coincidir constantemente entre lugares frecuentados y amigos en común, decidieron unir sus vidas y formar una familia.

Culminaban los años 80 y se vivía un agradable invierno, cuando esa peculiar pareja tuvo a su primer bebé, una pequeña de incomparable belleza, con ojos grandes y mirada brillante, sonrisa cautivadora y conmovedora, pequeña e indefensa pero sin duda encantadora.

Y así comienza la historia, año y medio disfrutó de amor y privilegios para ella sola, pero justo antes de primavera, su madre dio a luz a otra niña encantadora, de rasgos muy parecidos pero cargando con ella una indescifrable sombra.

Ambas hermanas crecían, aprendían y descubrían el mundo que les rodeaba mientras sus padres trabajaban, vivieron juntos un par de meses hasta que un día la hermana menor que llamaremos "Pequeño Gorrión"...tuvo un pequeño altercado y resulto necesario cambiar su lugar de residencia un rato, para atender a la pequeña y brindarle mayores cuidados, la familia recorrió así un par de kilómetros hacia otro pequeño poblado en que la calidez del clima y el respaldo de una peculiar familia les apoyaría, la madre y sus pequeñas permanecieron juntas mientras el padre tuvo que regresar al poblado inicial para trabajar y ser el único sustento de su familia.

La hermana mayor que llamaremos "Pequeña aguililla", pronto iniciaba con su etapa escolar y mientras su hermana se recuperaba, ella iba con gusto al colegio y poco a poco el mundo que le rodeaba descubría... su madre muy audaz siempre le apoyaba en lo que necesitaba y sus tíos y abuelita a la escuela acompañaban.

Su padre iba y venía cada semana y aunque lo veían poco, lo disfrutaban y se alegraban ante su llegada, sintiendo un poco de nostalgia ante su partida.

La pequeña aguililla tenía una chispa y energía que a muchos agradaba y a otros más les causaba envidia, sin embargo, eso a ella no le importaba, daba siempre lo mejor de sí, observando, escuchando, y aprendiendo algo nuevo siempre que podía.

Dedicada en sus trabajos, responsable y compartida, regalando a su hermanita dulces, lechitas y galletas que en el cole recibía. Nunca fue niña de pleitos aunque sus compañeros la molestaran, pero tenía una pequeña prima que cuando resultaba necesario la defendía.

Paso un año en el cole de infantes y lista estaba ya para continuar con su siguiente etapa, su edad y mes de nacimiento de pronto no le ayudaban, pero su madurez y aprovechamiento aunado al apoyo de mamás de compañeros, certificaron su ingreso a la escuela primaria.

Un ambiente diferente, muchos niños y maestros, muchos libros y cuadernos la esperaban, y sus primeras amigas junto al amor más tierno, en el aula se encontraban. Año y medio compartió con ellos pues la vida y circunstancias a un nuevo cielo la orillaban.

Sus primeros 5 años sin duda de lo mejor, no tiene recuerdos malos de nadie a su alrededor, recuerda con mucho agrado el apoyo y compañía, de amigos y de familia nuestra pequeña aguililla.

Inteligente y segura de sí misma, sin miedo de nada, reconociendo sus gustos, defendiéndolos de todo, solidaria y empática, juguetona y educada, siempre bien arregladita y con brillante mirada.

Una historia de ensueño, pareciera hasta el momento, pero justo ahora comienza el verdadero tormento, momentos buenos y malos, palabras, gritos y llantos confundiendo por completo y formando o deformando un corazón confundido, rebelde y sin rumbo fijo.

Y tal vez ahora te preguntes ¿quién es ella?... y si bien hay un nombre detrás de la historia, ella puedes ser tú o tal vez alguien que conozcas, ella es ahora fuerza y plenitud y a través de su vuelo tal vez encuentres respuestas o preguntas que te lleven a cuestionarte tu grandeza, tu porque detrás del que y decidas finalmente mover un par de piezas de tu interminable rompecabezas.

Ella es un alma libre y soñadora, luz y oscuridad, rebelde por convicción, aventurera de corazón, TODO ES POSIBLE su lema, coraje, disciplina, compromiso y determinación los pilares de su bandera, de su actuar y cada creación.

Un águila entre gallinas que decidió seguir su corazón a pesar de tener cerca lobos disfrazados de ovejas y ladrones de sueños, motivación e inspiración, limitando sus primeros años, postergando sus deseos , arrancándole sus plumas, robándole libertad, confianza y felicidad.

Un largo recorrido, una familia compleja, mil situaciones adversas, angelitos inesperados, sorpresas gratas y oportunidades nuevas, de todo un poco y de nada todo, así es la historia de nuestra amiga, laberinto interminable, abanico de aprendizajes y experiencias .

Su madre siempre amigable, condescendiente y sumisa, dando de si lo mejor, afecto, cariño y amor, su apoyo siempre incondicional, descendiente de una buena familia, unida y amorosa, independiente y caritativa, con ideales muy definidos, y excesiva inclinación hacia la iglesia y religión.

Escuchando el doble de lo que expresaba, poniéndose siempre en último lugar, soportando por motivos incomprendidos un par de situaciones no gratas, manteniéndose así a lo largo de su vida, con miedo e inseguridad en su vida personal; y con valentía, compromiso y gran responsabilidad en su aspecto laboral.

Muy cuestionables siempre sus decisiones y su continuo postergar, atrapada en sus pensamientos, llenando parte de su alma de rencor y desconfianza ante una terrible traición sin poderla superar. Adoptando en gran medida un papel de víctima, enterrando profundamente su ancla, sin ayudarse del todo ni dejarse ayudar, con su "ya veremos" dejando que la vida pase, apoyando según ella con su no acción el avance y superación de todos a su alrededor.

Desde luego también servicial, responsable y comprometida, capaz de resolver siempre de manera independiente, madre incondicional, hija y hermana excepcional.

Su padre por otro lado, lleno de resentimiento y coraje, con una infancia poco favorable donde careció en gran parte de la figura de un padre, su madre le dio lo que pudo pero afecto, atención, reconocimiento, valor y aprobación fueron siempre insuficientes.

Acusaciones sin fundamento, palabras de desaliento y desprecio. Sobreprotección, burlas, violencia, trabajo desde pequeño, carencias e injusticias rodearon su vida en todo momento. Una familia en lo absoluto afectiva, corazones vacíos, llenos de sufrimiento y dolor, situaciones no agradables y constantes NO, es lo que su querido padre toda su vida vivió.

Sin embargo y pese a ello, su cuidado y protección, su firmeza y determinación, le permitieron llegar muy lejos, haciendo realidad muchos sueños, ayudando cuando grande a todos los que se lo pedían, siendo fuerza y respaldo así como ejemplo de arduo trabajo, venciendo a su paso adversos obstáculos, luchando siempre por la perfección.

Su hermana menor ejemplo de fortaleza y pasión pero también de vulnerabilidad constante, carácter rudo en apariencia pero corazón noble y manipulable, encontrando con el tiempo equilibrio, comprensión y un gran camino, lleno de trabajo, perseverancia, triunfos y superación.

Ante dicho antecedente, podrás observar mi querido lector, que al mezclar todo ello la vida de nuestra amiga no fue todo dulce y sol, su ambiente dentro de casa lleno de dicha y dolor, afuera siempre buscando reconocimiento y aprobación, siendo el orgullo, soberbia, hostilidad y constante perfección, sus mejores ingredientes para enfrentarse a la vida junto a su enorme corazón, a veces con armadura, otras con frágil caparazón, hasta encontrar su equilibrio, misión y ferviente pasión, su propósito de vida y musa de inspiración.

Con, sin y a pesar de todo ello, el águila siempre agradece por los padres y hermana que le tocaron. Y si lo que se dice respecto a la elección de padres antes de nacer es cierto, segura esta que sin dudas, los elegiría una y mil veces en esta y futuras vidas.

Ahora que sabes un poco del ambiente alrededor, podrás entender un poco lo que viene a continuación y reconocerás entre líneas como todo le ayudó a nuestra pequeña amiga en la vida y el amor.

CAP. 2 NUEVOS HORIZONTES

Año y medio estuvo en aquella escuela primaria, pero entonces, llego el día de regresar a su poblado natal, su hermana recuperada y su madre teniendo que volver a trabajar, dejando a mitad de ciclo escuela, maestra y algunos amigos, con sus alas ya crecidas comienza el primero de sus vuelos, retornando al nido que a su familia le pertenecía.

Nueva escuela, nuevos compañeros, vecinos, rutinas y estilo de vida, sin prima que la defienda, ni tíos o abuelita que le hagan compañía, solo ella, su hermana y sus papás en medio de un mundo nuevo y diferente al que ya dominaba y conocía.

La pequeña aguililla no tiene miedo, se adapta con seguridad y alegría y se dispone de buena forma a iniciar con esa travesía. Obtiene nuevos amigos y descubre poco a poco el lado malo de la vida, su burbuja de cristal se rompe y a temprana edad comprende que no todo lo que brilla es oro ni todo lo que es oro brilla.

Y es así como su carácter se va forjando, manteniéndose siempre observando, escuchando y aprendiendo en cada paso.

Casi 5 años en esa escuela primaria y justo cuando más cómoda se encontraba, con un buen círculo de amigos y rutina estructurada, planeando seguir con ellos a la escuela secundaria, resulta que un vuelo más a su puerta tocaba.

Otra vez se aleja de todo lo que hasta el momento había conocido, una nueva prueba, diferente recorrido. Y con las herramientas adquiridas y no muy feliz del camino que sus padres eligieron, la pequeña aguililla comienza de nuevo.

Doce años de su vida han transcurrido, ya no es aquella pequeña aguililla segura de sí misma, comienza una etapa en que las inseguridades le atormentan, el miedo se hace presente, las dudas aparecen e interminables interrogantes rodean su mente.

Un joven le gusta, otro más la pretende, pero tiene miedo a involucrarse pues Águila alfa siempre dice que es muy joven para enamorarse, que los novios y demás hasta que una carrera termine y un trabajo se consiga, y es ahí donde comienza el sufrimiento de su vida.

Es una buena estudiante, dedicada y perfeccionista, "matada" le dicen algunos, súper callada, reservada y tímida otros la miran, se sonroja siempre que ante algún tema participa.

En casa constantemente su padre discute y grita, a veces por pequeñeces otras más por pasados que ya no existen, su madre siempre callada, escucha y ni una sola palabra dice, el aguililla no entiende, se confunde y entristece y en el estudio se concentra para evitar ser presa de aquello que vive y resiste.

"El dinero es malo" "La comida desabrida" "Casarse mala inversión" "Yo siempre tengo la razón" "Yo hablo y los demás escuchan" "Los hombres solo quieren una cosa" "Las mujeres siempre tienen la culpa" "Toda la vida he sufrido" "La vida no es justa" "Yo puedo comprarme todo, no necesito que me regalen" "Los amigos no existen, todos buscan su conveniencia" "A mí nadie me dice como hacer las cosas", en fin, algunas de las frases que van forjando su vida.

El aguililla vive entonces una doble vida, en casa escuchando siempre un pasado interminable, creencias limitantes, palabras no muy agradables y en la calle y en la escuela buscando siempre una salida, palabras, frases y personajes que le demuestren que no todo es malo y es posible construir sueños de chocolate, fresa, limón y vainilla.

Amigas incondicionales va encontrando en su camino, que fortalecen su confianza y en busca de consejo, escucha y apoyo acuden siempre con ella y se convierte a partir de ahí en extraordinaria consejera, acostumbrada a escuchar, pero ahora con la oportunidad de hablar y expresar sus ideas, donde si las atesoran y ayudan a otras personas.

Su vida no es perfecta pero así parece, siempre se muestra serena, tranquila y fuerte delante de la gente, poco afectiva indudablemente, pues en casa no es algo que suela darse constantemente, su madre siempre afectuosa pero el padre hostil y a veces indiferente, centrado en los errores, perfeccionista y autosuficiente, aspectos muy marcados que van definiendo el actuar de la aguililla y lo que pasa por su mente.

Así que se apasiona por ayudar a la gente, entregando lo mejor de si, con postura resiliente, siempre en contra de burlas e injusticias, buscando regalar sonrisas y palabras optimistas, escribir se vuelve su mejor pasatiempo, regala siempre cartitas a sus mejores amigas, escribe un par de poemas en su tiempo libre, expresando ideas y sentimientos no demostrados pero en su corazón presentes.

Encuentra sus amigos de verdad, incondicionales, esos que pese al tiempo y circunstancia mantienen ese hilo invisible que los une, con quienes va rompiendo su coraza dura y entrega un corazón lleno de amor, nobleza, empatía y solidaridad.

Descubre otras formas de vida, se da cuenta que su vida no es del todo un callejón sin salida, que personas a su alrededor viven situaciones iguales o peor y decide convertirse en soporte para que quienes le rodean vivan y se sientan mejor, y al hacerlo ella misma se fortalece, alcanzando un nivel de madurez por encima de muchos compañeros de su edad.

Aprende a encontrar el lado lindo en medio de la adversidad, elige ser y hacer en lugar de quejarse y volverse víctima de sus circunstancias, agradece lo que tiene y no sufre más de la cuenta.

Si su realidad circundante no puede cambiar, entonces ella opta por modificar ante ello su pensar.

Y entonces logra encontrar a su paso buenos maestros de los que aprende, enseñanzas en libros que van abriendo su visión y mente, compañeros que le apoyan y aconsejan, estilos de vida que le agradan y le permiten tener sueños más grandes... Y así, a un paso lento pero firme sus alas se van extendiendo, sus plumas se aligeran y su visión es más clara.

La burbuja de cristal se rompe por completo y un sinnúmero de acontecimientos a su paso van ocurriendo, el amor romántico, lleno de ilusión y pasajero comienza su viaje interminable y complejo.

Su familia le acompaña con momentos buenos y otros no tanto, el águila sigue jugando esa doble vida que limita un poco su vuelo, con el firme deseo de demostrar a sí misma y al mundo entero, que pese a todo el mal y la injusticia que hay en la vida, es posible encontrar bondad, alegría, personas felices y proactivas que no viven aferrados a un pasado ni preocupados por un futuro. Personas que viven un día a la vez, disfrutando el presente sin medida, con sonrisas reales y espontáneas no fingidas, con vidas exitosas pese a las pruebas enfrentadas y situaciones sufridas.

El águila esta segura que hay más de una realidad, que su vida puede ser mejor y cambiar, que hay un mundo enorme que desea conquistar y muchas sueños que anhela lograr.

Y con esa "inocente" y "optimista" actitud continua su vuelo, venciendo aunque con un poco de miedo, lo que le va sucediendo.

Es muy joven todavía, pero no es la edad como tal lo que mide su crecimiento, sino la madurez mental y emocional que sin darse cuenta va adquiriendo.

Bueno... "madurez emocional" puede no ser del todo cierto, pues justo en este momento, en que su corazón se pone al descubierto, comienza una travesía en la que nuestra querida aguililla descubre que el amor es muy complejo.

Inicia su travesía amorosa, un camino de rosas y espinas, de aventuras muy curiosas, prototipos definidos, encuentros inesperados, giros de 180 grados, porqués interminables, culpas constantes, autocriticas recurrentes, comparaciones innumerables.

Su mejor/peor salida, ante su ya mencionada doble vida, querer a los chicos ayudar, aun cuando no lo pidan, entregándose sin medida, relaciones no concretas, sueños múltiples y fantasías, ilusiones que se esfuman, corazón lleno de heridas, lágrimas de cocodrilo y emociones reprimidas. Preguntas no realizadas, cartas jamás enviadas, amores fugaces, historias dramatizadas, mentiras, verdades y un sin fin de personajes diferentes pero iguales, lobos disfrazados de ovejas y otros tantos "animales" a los que brindó cariño a raudales.

Vaya salida eligió, ante múltiples opciones, vicios dulces y salados pudo haber disfrutado, pero decidió elegir un camino del que pocos logran salir avantes y nadie absolutamente nadie termina con un corazón intacto, sin importar los estudios, astucia, edad o nivel en la vida alcanzado, cuando el corazón dice sí, no hay cerebro que pueda frenarlo.

A continuación el capítulo más sufrido y disfrutado, experiencias que te parecerán tontas, algunas tal vez familiares, otras muy debatibles, cuestionables e incluso admirables.

Prepárate para conocer un corazón indomable, rebelde y aventurero, lleno de amor, odio y rencor pasajeros.

CAP. 3 CORAZÓN INDOMABLE, REBELDE Y CUESTIONABLE

El águila llega ya a sus 15 inviernos, esa etapa en que las emociones van cambiando, cuestionándose constantemente, comenzando así el inicio de un nuevo "Bicho Raro".

¿Un bicho raro? ... lo descubrirás a continuación.

El mundo esta lleno de personas que fingen ser lo que no son, que se aferran a lo que no deben o se mantienen luchando por lo que no vale la pena tener.

Pero existe también entre la multitud, un pequeño grupo de individuos que como rosas entre espinas, en tierra buena y productiva desean crecer y florecer.

Un pequeño grupo que se mantiene disperso y que va impactando en todo momento a quienes se mantienen cerca y con la ilusión de cambiar la vida que tienen. Dándose la oportunidad de ver, descubrir y disfrutar un nuevo amanecer.

Personas que no aceptan ser parte de lo mismo, siempre destacando por una u otra razón, sin pasar jamás desapercibidos, aun cuando pudieran aparentemente no hacer nada de ruido.

Y aunque de inicio no están juntos, se van uniendo en el camino y cuando así sucede pueden voltear atrás y darse cuenta de todo lo que han recorrido y lo mucho o poco que han construido, los obstáculos que han vencido, lo mucho que también han sufrido, las veces que han caído, lo bueno y malo hasta el momento conocido y desde luego todo lo ganado pero también lo perdido.

Sin embargo; la satisfacción resulta grande, al darse cuenta que a pesar de todo y sin importar nada, han permanecido siempre de pie, levantándose una y otra vez, con mayor fuerza y madurez, convirtiéndose en lo que de verdad quieren ser.. con... sin.. a pesar de... es una de las frases que algunos suelen tener.

Y ahora la pregunta es.. ¿quiénes son esas personas?.. seguramente las conoces o tal vez tu eres una de ellas también. No son superhéroes ni de otro planeta aunque así pudiera parecer, hablan el mismo idioma pero no comparten un "lenguaje similar" y han llegado a este mundo de la misma forma que todo individuo conocido y por conocer.

Algunos llamados locos, otros ingenuos, soñadores, fuera de onda, en fin, en este caso BR será la denominación que se hará porque al igual que cientos o miles de especies de insectos que no se suelen conocer, los BR son escasos, difíciles de encontrar. Pero si estas frente a uno, en seguida lo podrás notar y ten por seguro que jamás lo querrás dejar escapar, aun cuando te resistas, tu vida de manera muy positiva van a impactar.

Son justo esas personitas que más allá de ser víctimas de sus circunstancias deciden ser protagonistas de su vida, dejando quejas fuera, luchando por conseguir lo que quieren, sin envidiar a nadie, ni tampoco competir, queriendo siempre apoyar a otros a salir adelante, trabajando en equipo con alta energía y pasión, motivando con su ejemplo, transformando todo a su paso de manera favorable, trascendiendo más allá de esta vida terrenal.

Viviendo siempre en integridad, humildes y amables, serviciales por completo, sin ser esclavos de cosas materiales, éxito, dinero u otros elementos.

Personas que saben que la vida es más que eso, escasas pero importantes, ni mejores ni peores, diferentes al resto, "ovejas negras" algunos les llaman, "rebeldes sin causa" o tal vez contreras.

Con ideales bien definidos y un par de buenos argumentos, siempre consiguiendo más, dispuestos a pagar el precio, sin limitarse a satisfacciones inmediatas ni caminos fáciles o llenos de trampas.

Agradeciendo siempre, manteniéndose serenos, aun en las pruebas más fuertes y dolores más intensos, confiando por completo en la vida, su propósito y sus sueños.

Así era nuestra aguililla, alrededor de sus 15 inviernos, con seguridad ganada y confianza mejorada, sabiduría construida y una esencia definida.

Un bicho raro se consideraba y ello realmente le agradaba; sin embargo, el precio por todo ello le cobro "factura cara", heridas emocionales y una armadura oxidada, corazón duro y de acero con capa demasiado blanda, pues no había sonrisa coqueta o hermosa mirada que al chasquido de sus dedos en el alma penetraran.

Una y otra vez la lección se presentaba, diferente personaje, misma forma de rendirse cuando el águila se enamoraba.

Personajes diferentes pero iguales, lobos disfrazados de ovejas y otros tantos "animales" a los que brindó cariño a raudales.

"Animales" sin ofender, es solo que a cada chico que le gustó y con quienes surgió una experiencia novelesca, un personaje con cualidades particulares le dio, casi un zoológico entero en su corazón habitó, pero no daremos más vueltas, te los presento a continuación, escoge un lugar agradable y tu bebida preferida para disfrutar la función.

DG... (AMOR PEQUEÑITO)

Un niño güerito y tierno, cabello castaño, sonrisa encantadora, sobrino de personalidad bien conocida, fuereño, su amor más joven y tierno, tan solo 6 años y el corazón del águila ya latía con gran fuerza y pasión por aquel pequeño niño que lo único que disfrutaba era jugar con sus amigos y regresar con su abuela y tío a casa.

Pero el águila cada vez que lo veía por el suspiraba y recuerda con sonrisa traviesa que a su cumple la invito y en el sobre de la invitación ella escribió "DG te amo con todo mi corazón"

Vaya niña tan loquilla, enamoradilla desde chiquilla, aunque también se molestaba con el niño que si la pretendía.

Ahí comienza esta encrucijada, el aguililla aferrada con una presa difícil, dejando escapar a quien sin mayor esfuerzo se colocaba como carnada.

GJH... (PEQUEÑA MOTIVACIÓN)

Siguiendo por esa línea, a sus 11 años nuevamente enamorada, de un compañero de su escuela primaria, cabello café castaño, sonrisa que la descontrolaba, inteligencia notable y competencia constante, seguro de si mismo, igual que ella se sonrojaba cuando participaba, un par de lunares ella recuerda que también le gustaban.

Jamás le dijo que le gustaba pero su presencia en el aula le motivaba para ir a la escuela con más ganas.

FRC... (MIEDO, INDECISIÓN)

Llega entonces la escuela secundaria, una escuela con personalidades y niveles socioeconómicos diversos, personas fingiendo ser y tener lo que no, comportándose altaneras y por otro lado, compañeros con recursos económicos mayores y estilos de vida de humildad, apoyo, solidaridad y empatía ante los compañeros.

El águila de forma peculiar y cómoda siempre vestía, sin fijarse en la moda ni preocuparse por su apariencia o lo que las demás personas pensaban; sin embargo, cuando "FRC" comenzó a gustarle y supo que a un par de niñas también, sintió un poco de inseguridad por su apariencia y los límites de casa.

El de verdad le gustaba, pero en casa constantemente escuchaba que novio no podría tener hasta que una buena carrera y trabajo lograra.

Así que se mantuvo al margen, viendo como otro par de jovenzuelas establecían una relación amorosa con él.

Y mientras tanto ella se mantenía concentrada en sus estudios, guardando por el suspiros y limitándose a una amistad sana.

Paso algún tiempo y el segundo año de secundaria llegaba, el águila se acoplaba y poco a poco un buen círculo de amigos consolidaba, ella amaba el básquet y en los recreos o espacios libres con sus amigas jugaba. Así fue como conoció al niño con el que se obsesiono de manera muy marcada.

DIHL... (CAPRICHO U OBSESIÓN)

Güerito, cabello café claro en forma de honguito, voz tierna y sonrisa coqueta y desde luego mirada que la deleitaba, el también amaba el básquet y haciendo lo que ambos adoraban fue como las primeras interacciones se generaban.

El era un año mayor, pero a ella no le importaba, "se enamoro" y sintió que su corazón de amor se llenaba, súper cursi se volvió, y siempre muy interesada en lo que a ese jovencillo le pasaba, un par de cartas le dio y peluches también, pero al ser tan tímida, difícilmente se acercaba.

Y entonces un día, el se hizo novio de otra chica, para nada afín a él y que a veces lo maltrataba, pero él la quería tanto que todo lo soportaba, era lindo e incondicional "con la chica equivocada" es lo que siempre pensaba nuestra amiga enamorada.

A pesar de ser tímida y muy callada, el aguililla entrometida un día conversó con "la novia mala" y entre tanto y más le dijo que realmente "D" no le interesaba, que si estaba con él era porque se la pasaba insistiendo. Y dió libertad al águila para que lo conquistara y por fin de su camino lo alejara.

El águila se sintió mal ante tales palabras, por más que le gustaba, sabía bien que no podía forzarlo a que en ella se fijara, sin embargo y pese a ello, se mantuvo interesada y pasaron 2 largos años para que a otro lado volteara su mirada.

¿Amor, capricho u obsesión? ¿Tú qué dices mi querido lector? Vaya situación ¿no?, ¿cuántas personas conoces que viven experiencias similares?, aferrados a quien no, dejando escapar oportunidades por querer tener aquello que no les corresponde.

Así la historia del águila, buscando durante mucho tiempo afuera el amor que seguro no se tenía, o más bien que no sentía, buscando alguien que le apoyara y compartiera su amor y compañía pero siempre dando más de lo que recibía, conformándose con nada o poco pues más "no merecía".

Ella no se daba cuenta de por qué lo hacía, en apariencia consciente, tratando de ayudar a otros a salir de su "mal ambiente", escuchando y siendo tan condescendiente, perdonando todo, aceptando poco, entregándose por completo siempre, para recibir al final nada menos que un "hasta luego"... Viendo a sus "adorados tormentos" marcharse y esforzarse por el amor de otra persona, dándoles lo mejor de si y a veces aceptando un poco menos.

Y el águila sola nuevamente quedaba, al principio destrozada, culpándose por ser como era, jurándose que nunca más lo haría, pero enamorándose de nuevo cada que podía. Y la historia diferente pero igual se repetía.

Pasaron así un par de veces, relaciones a medias, historias sin etiquetas, ilusiones compartidas, con fecha de vencimiento cuando menos lo esperaba, recibiendo así sin más estocada tras estocada.

Un día finalmente, cuando 15 inviernos ya cumplía, conoció en su fiesta al que su primer novio sería, un joven un tanto apuesto, de mirada hipnotizante y sonrisa de conejito, bailó con ella en su fiesta, alegrándole la vida, se fue un par de minutos y al volver una cartita de amor consigo traía.

Un par de palabras cursis, una pregunta directa y un número de teléfono, hicieron que aguililla esbozara sonrisa de oreja a oreja y un par de suspiros grandes el ambiente adornaran.

Su respuesta un completo si lleno de emoción indescriptible.

CONEJITO... (EL PRIMER AMOR)

Un joven ya anteriormente descrito que además tocaba en la estudiantina de la iglesia, un chico bastante querido por las chicas de aquel lugar.

¿Recuerdas que cuando la hermana de la pequeña águila tuvo un percance se fue a vivir cerca de abue y algunos otros integrantes de su familia?.

Pues justo de aquel lugar estoy hablando, ahí donde mayor familia por parte de su papá tenía, tuvo su tan famosa fiesta de 15 la aguililla, donde regresaba junto con su familia cada que llegaban las vacaciones o algún espacio tenían.

Así que, un 27 de diciembre de un año especial, la primer relación construía, su prima, hermana y una tía fueron cómplices para que la historia funcionara, pues el águila todavía no podía tener novio aunque fuera "a distancia".

Justo cuando las vacaciones terminaban, el águila de su primer amor se marchaba. Conversaban por teléfono a veces y el águila aunque no lo veía y mucho lo extrañaba, aprovecho su tiempo al máximo, enfocándose en la escuela con mucho más dedicación que antes, esperando con ansias las vacaciones o la mínima oportunidad para ir a ese lugar en que su conejito la esperaba.

El aguililla recuerda con alegría cada experiencia vivida, desde su primer beso en el que sintió como un par de mariposas en su pancita revoloteaban, un bonito collar que le regalo, las innumerables canciones dedicadas, los abrazos llenos de fuerza y amor que compartían, el roce de manos y la extraordinaria sensación cuando estas se entrelazaban. Las noches estrelladas en que desde lo alto de un mirador lo bello de aquel poblado juntos admiraban, la serenata que junto a su prima le llevó el día de su cumple en una hermosa y fresca mañana, junto a una bella carta y una rosa de estambre tejida para él con mucho amor.

Momentos que perduran hasta el dìa de hoy en un rinconcito de su corazón, de aquel amor que sin importar el corto tiempo que duró, finalmente le mostró al aguililla un poco de lo que una relación requiere y representa, lo bonito de tener abrazos reconfortantes, besos dulces y miradas que sin palabras hablen.

Una relación tan tierna y espontánea que sus pequeños primos también recuerdan, de manera tan marcada en uno de ellos que a su hermanito pequeño sugirió se le pusiera uno de los nombres de aquel jovenzuelo.

Pero no todo fue completamente bueno, justo una noche cuando más feliz el águila se encontraba, aquel conejo tierno se convirtió en liebre malvada y le dijo al aguililla que en ese instante su relación terminaba.

El águila con "madurez" acepto la decisión tomada, aunque por dentro su corazón se destrozaba, la distancia hizo todo más fácil pues aunque a veces su recuerdo le atormentaba, el no tenerlo cerca ni verlo con regularidad, le permitió continuar como si nada.

Bueno.. al menos así parecía, pero entonces... las vacaciones llegaron de nuevo y el aguililla supo por medio de su prima, que su querido conejo con alguien más ya salía, una chica "sin chiste" que con todos andaba, es lo que su prima enojada le decía, sus primos y hermana le odiaban también cuando lo veían...

El águila no decía nada, pero cuando se lo imaginaba, realmente le dolía. Cuando llegó el momento de volver a verlo, hablaron y sin decir nada, solo un beso se dieron, él confesó que si salió un par de veces con aquella jovencilla pero que durante todo ese tiempo extraño a nuestra amiga.

Quedaron en reintentarlo, y de verse al otro día, pero al estar de nuevo juntos, el conejillo nervioso la veía, el águila le pregunto que sucedía y después de unos minutos el conejo respondió que su madre a otro país se lo pensaba llevar, para que pudiera estar con ella, estudiar y trabajar y tener una mejor vida.

Un silenció apareció y después el aguililla, le dijo no te preocupes, disfrutemos el tiempo que estemos y después ya veremos.

Y así un par de días más disfrutaron sus encuentros, hasta el día en que sus vidas se alejaron por un tiempo.

El en otro país, ella en otro pequeño pueblo, una historia bonita que pudo ser más que eso, pero por cuestiones de la vida, tomaron rumbos diversos. El ahora esta casado y con una hermosa hija, ella lo recuerda de buena manera y de vez en cuando conversan y ese gran primer amor se convirtió en una grata experiencia.

El águila lo extrañaba, sin importar tiempo y distancia, pero entonces en la prepa otras aventuras la esperaban, y en un curioso febrero a un "Leoncito" conoció, sin duda el mejor amigo que la vida le brindó, pero del que por un pequeño tiempo también se enamoró.

LION... (MEJOR AMIGO)

Otro chico güerito, ojos verdes, cabello café oscuro, delgadito, deportista, con habilidad para tocar guitarra y con la misma entrega y pasión que ella cuando en alguien se interesaba.

Hijo también obediente, dedicado al estudio, de pocas palabras, tímido y nada fiestero que iba de casa a escuela y al culminar con las clases de inmediato se marchaba.

Un evento escolar, boletitos que vender, una amiga muy coqueta que a muchos niños gustaba, y de pronto en un recreo, en el patio de la escuela, los 3 personajes se cruzaban.

El quedó cautivado por la amiga, el aguililla de ello se percató y tratando de ser Cupido, por esa razón al "león" se acercaba.

En la salida coincidían y juntos hasta cierto punto caminaban, conversando mientras lo hacían, de la "amiga" y un chiquillo que al águila le gustaba.

Sus conversaciones iban siendo cada vez más recurrentes, haciendo uso de las redes por las tardes, noches, incluso a veces madrugadas también charlaban, de todo un poco, de nada todo, poco a poco y de manera firme una extraordinaria amistad se consolidaba.

Sus penas de amor se contaban, se leían, reían, escuchaban y un par de buenos consejos también compartían, incluso de sus familias llegaron a intercambiar un par de buenas y malas experiencias con las que ambos se identificaban.

Dos amigos incomparables, con historias diferentes pero iguales, que mutuo apoyo se daban, salían, se divertían y perfectamente se acoplaban.

Tanta hermosura en la relación un día confundió a nuestra amiga. Se dio cuenta que por el león algo más sentía, una parte de ella quería decirle que lo quería como algo más que un amigo y ser su novia le encantaría, pero su parte racional la detenía pues no quería perder una amistad tan grande por un "sentimiento" que no estaba del todo definido.

Sin embargo y pese a todo, una carta le escribió y en ella le confesó todo lo que en palabras directas no podía, el león muy maduro la carta le agradeció y le dijo que a pesar de ser tan linda, por el momento prefería no involucrarse de esa forma pues la relación no concretada con su amiga aun le dolía.

El águila comprendió y su amistad mantuvieron, más estrecha que nunca y desde luego agradeció tenerlo como amigo que perdura y no como un novio que podría no durar y perder al final, pues al ver a sus amigas y compañeras sufrir por este tipo de situaciones, prefirió no insistir y mejor seguir así.

Paso un tiempo y resulta que el león y una niña de su salón empezaron una relación, el águila desconcertada no entendió porqué, si según él no estaba listo y por ello un sutil no le había dicho.

La verdad sufrió un poquito pero también se alegró, pues la niña que eligió era buena compañera, linda, noble y tierna y si se lo merecía, y al final ella seguiría siendo su eterna e incondicional amiga.

El tiempo siguió y esa relación terminó, pero el águila y león mantuvieron sólida su relación, el águila fue su apoyo y el león más fácil la ruptura superó.

Y así pasaron un par de años en que aquella bonita relación se mantuvo consolidada, hasta que un buen día, en que sus procesos de vida ya no empataban, y después de una larga llamada, el león dijo al aguililla que lo mejor era que se alejaran, sin contacto ni llamadas, por el bien de cada uno.

El águila sufrió y lloró como nunca por aquella pérdida, recordando y extrañando sobre todo cuando un pepe grillo, un consejo, un abrazo, comprensión y apoyo absoluto requería.

Tuvo que aprender a vivir sin ese respaldo, añorando todo el tiempo volver a encontrarlo, culpándose a veces, cuestionándose constantemente, en ocasiones miraba al cielo y pedía recuperarlo.

En cada cumpleaños siempre le dejaba una linda felicitación, a veces con respuesta concreta, a veces con total indiferencia, pero el águila jamás dejo de pensarle, quererle y extrañarle.

Hasta que un buen día, después de un par de años, el destino nuevamente los unió, el águila no cabía de alegría, estaba agradecida sin medida. Y así, el reencuentro comenzó, poco a poco comenzaron a entablar conversaciones, viéndose un par de veces.

El águila con un poco de miedo para no cometer algún error que los alejara nuevamente, tratando de hacer "todo bien", siendo un tanto condescendiente y comprensiva a veces. Todo iba muy bien, salían constantemente, un par de carreras juntos realizaron, viajes, conferencias, cumpleaños y aventuras también disfrutaron.

Su relación iba viento en popa, incluso con sus familias un par de veces se integraron, en las fotos su sonrisa decía todo, sus miradas verdaderamente brillaban y un gran equipo sin duda formaban.

El tenía novia, pero nunca hablaba de ello, y de pronto parecía que su interés en nuestra amiga iba mas allá de la amistad que los unió algún tiempo.

El águila de pronto se imaginaba algo de eso, intuía y anhelaba que su historia se transformara, pero con pies firmes en el suelo, de su nube se bajaba y de inmediato en la realidad más clara aterrizaba.

Estuvieron muy bien durante un tiempo; sin embargo, durante el periodo de separación, el proceso y crecimiento de cada uno sufrió una peculiar transformación.

El águila feliz, también estaba un poco resentida y entre miedo e incertidumbre un día su actitud cambió, el león hizo algo que a ella no le pareció y mucho se molestó, recordando del pasado un par de cosas no muy favorables, incrementando su coraje, y una tarde de entrenamiento terminó en un molesto distanciamiento.

Otra vez algo se rompió entre los dos, ella cargando un pasado no superado, él orgulloso y soberbio, sin aceptar parte de su responsabilidad, sacó a relucir sin más del águila el mal comportamiento.

Ella reconoció su error y se disculpó por ello, el se limitó a enaltecer su ego, tomando drástica decisión, alejándose de nuevo.

El águila argumentó que no era para tanto y que una larga conversación debían tener ambos, ello le dio un respiro a tan tensa situación, volvieron a verse de nuevo y platicar con gran respeto, olvidando por un rato aquel suceso.

Pero no duró mucho la tregua, pues en una conversación, el águila hizo un comentario fuera de lugar, que al león lo hizo sentir mal y sin decir más palabras, evito contestar y al águila definitivamente decidió ignorar.

El águila comprendió entonces que la relación ya no funcionaría si el león continuaba tomando todo personal y sin la madurez emocional suficiente para lograr separar sus ideas preconcebidas de la realidad.

El águila lo extraña, pero no como la primera vez, es consciente que su "amigo" esta en un diferente proceso, acepta su responsabilidad pero sin culparse de mas por ello, y ve con objetividad el actuar de ese león, de pronto convenenciero, pues las veces que el falló y que el águila comprendió, no las tomó en cuenta al decidir culparla y alejarse. Tampoco le importaron las veces que le ayudó y demostró apoyo sincero, ante un pequeñito error simplemente eligió un camino sin regreso.

El águila confía que aquel jovencillo "león" un día se dará cuenta del error cometido y la buscará de vuelta, pero sabe que cuando eso suceda, no cederá ante actitudes inmaduras y no recíprocas.

Logró perdonar lo pasado, comprender sus diferencias que en esta ocasión los separaron, respetar la decisión del león con madurez, dejar de culparse aceptando solo parte de la responsabilidad correspondiente, y con una carta larga y sincera le propuso conversar y saldar un par de pendientes antes de cualquier punto final.

Citando a continuación y de forma textual algunas de sus palabras:

"Así que, porque dejar que los 90 minutos de un partido juntos en esta vida terminen así sin más.. Y no te lo digo desde la necesidad de tenerte en mi vida, porque ello sería dependencia, apego, etc.. Te lo digo desde el abanico de posibilidades infinitas que la vida nos brinda todos los días, desde cada momento bonito que hemos vivido desde el primer día que nos conocimos, desde cada experiencia y aprendizaje compartidos, desde cada error y emoción fuera de lugar, desde cada kilómetro recorrido juntos, desde la distancia y lo más profundo de mi corazón, desde lo extraordinarios que somos en lo individual y lo poderosos que podemos ser al caminar juntos"...

Como podrás ver mi querido lector, el águila finalmente reconoció su valor, sin idealizar al león, tratándolo amorosamente y hablándole con el corazón... Claro que lograr llegar a este punto no fue un camino fácil, pasaron un par de años, cursos, libros, conferencias y seminarios que permitieron al aguililla controlar sus emociones, actuar de manera proactiva, evitando reaccionar de forma impulsiva, ante esta y otras situaciones de vida., y parte de lo aprendido se te compartirá en capítulos posteriores, seguiremos por ahora con mas de sus amorosas historias.

Regresando un poco el tiempo, el águila culminaba ya su educación básica y se enfrentaba ante una de las primeras grandes decisiones, elegir una carrera que su rumbo definiera.

Por primera vez una decisión que le competía total y absolutamente a ella, tenía en mente dos carreras, totalmente opuestas. Como no estaba segura, decidió llevar a cabo el proceso de aspiración para ambas, por fortuna para ella, pudo hacerlo sin empalmarlas.

Vivió todo su proceso y para ser sinceros había una que más le gustaba, pero pensando en un antecedente familiar se desanimaba, seguía siendo muy tímida y socializar o expresarse con seguridad y confianza se le dificultaba.

El día del examen finalmente llegaba y confiando en su saber, apostándole a la vida su destino posterior, hizo lo que le tocaba. Al paso de algunos días, el resultado esperaba.

No quería elegir al 100 y se dijo a sí misma "que el resultado del examen decida", por un momento pensó que fuera de alguna opción la vida la dejaría y no tendría que elegir por ella misma; sin embargo, no fue así, pues en ambas carreras fue aceptada y entonces ¡vaya dilema! ¿cual opción elegiría?

Escuchó algunos consejos, puso todo en la balanza, y sin la total certeza, un camino ella eligió, sin mirar lo que dejaba, se mantuvo decidida y avanzando hacia el futuro al que su decisión apuntaba.

Nunca se arrepintió ante la decisión tomada, solo a veces se imaginaba como sería hoy su vida si el camino de la izquierda hubiera tomado .

En fin, el águila sabe que siempre que se toma una decisión se debe renunciar a algo, que no hay decisiones malas ni buenas, simplemente decisiones que te permiten ir trazando un camino, aprendiendo, descubriendo y disfrutando el viaje más allá del destino, pues a veces hay destinos fijos pero en el camino se van modificando.

Así que no es el tiempo como tal lo que cuenta sino lo que sucede durante ese tiempo.

Siguiendo con sus dramas novelescos, una vez en la carrera el águila otro par de animalillos conoció, primero un castorcillo coqueto que la cautivó.

CASTOR... (UN AMIGO MÁS)

Ojos grandes y negros, sonrisa blanca y radiante, espíritu aventurero, corazón noble y guerrero, hombre luchista y perseverante, carecía de la presencia de un padre y ayudaba constantemente a su madre, estudiando y trabajando para salir adelante.

Un niño tan agradable pero enamorado por completo de una mujer que no le correspondía, que solo como amigo lo quería y cuando un problema tenia siempre con el acudía..

El águila se enamoraba de su personalidad tan acertada, pero por más que hacía y lo mucho que por el se preocupaba, el castor nunca le dio ni la mínima esperanza, como amiga la veía y de ahí no pasaba.

Todos se daban cuenta de lo que el águila sentía, el castor también lo supo pero su corazón ya ocupado no podía corresponderle.

Así que nuestra querida amiga otra vez se conformaba, en ser una buena amiga y en lo que podía le apoyaba.

Aquí vamos otra vez, pero con un plus un tanto peor, el águila no entendía, porque siempre le pasaba, porque no podía tener a su lado a quien le interesaba, porque siempre amiga fiel e incondicional tenía que ser.

Lo peor es que en las redes, a la otra chica buscaba y con ella se comparaba, preguntándose que tenía ella, que le faltaba. Con un poco de confusión y envidia, fotos y publicaciones observaba y analizaba.

Mejor que el FBI, sin rastro por las redes se paseaba, recabando información que más allá de ayudarla, de algún modo le perjudicaba.

Comenzando así una etapa no muy buena en la que dentro del ámbito "amoroso" empezó a vivir al pendiente de las "chicas" que resultaban interesantes para sus "amores imposibles", imitándolas un poco y tratando incluso de ser como ellas para poder ser mirada por quienes le interesaban.

Fue perdiendo un poco de su verdadera identidad, seguridad en sí misma, actuando para complacer a otros más que para complacerse a si misma, sin poder decir "No" cuando algo no le parecía, accediendo con facilidad para no perder lo que realmente nunca le pertenecía.

El castor fue al final, tan solo un amigo más, pero parte de un proceso nuevo en la vida amorosa del aguililla.

Después de un par de meses el águila miró hacia otro lado, un tiburón pequeño se topó y a continuación te cuento lo que sucedió.

Te das cuenta querido lector, la similitud en las relaciones, el imán de atracción en hombres imposibles, con pasados no resueltos, enamorados de chicas que se "aprovechan de ellos", sintiendo el águila, necesidad u obligación para rescatarlos de si mismos, sin que lo soliciten o estén dispuestos a ello.

SHARK... (COMPARACIÓN)

Güerito, ojos café claro, cabello castaño con peinado un tanto raro, un año menor que el águila y de lo poco rescatable en su escuela en ese tiempo, ja.

Un par de miradas coquetas y sonrisas indiscretas, confundieron al águila y le hicieron crear en su mente un par de historias inciertas.

Cada día buscaba la forma de toparse con él para intercambiar un par de palabras, comenzó a idealizarlo, perseguirlo y acecharlo. El tiburón era educado y le seguía el juego pues sin duda le levantaba más el ego, pero tenía novia con la cual llevaba ya un buen tiempo.

Al águila no le importaba y a su manera seguía buscando la forma de no pasar desapercibida, conoció en redes sociales a la novia y descubrió, un par de atributos y habilidades que el águila no tenía, eso a veces la frustraba pero igual se mantenía, en la lucha de batallas que sin importar lo que hiciera las perdería.

El tiburón terminó esa relación y el águila al verle vulnerable de inmediato hacia el corrió, con la mejor de las intenciones, brindándole lo mejor de su corazón, su apoyo no solicitado y su más grande admiración.

Eso no fue suficiente pues el tiburón siempre como amiga la vio, y con otra chica anduvo de su mismo salón.

El águila no entendía el porqué así sucedió y comenzó a ver defectos en la chica elegida, volviéndola su rival y tomándose muy personal todo lo que hacía, sintiéndose grande y poderosa cuando el tiburón la saludaba y la novia se enojaba.

Burlándose de sus celos y lo insegura que a veces "parecía", marcando su territorio cuando ella u otras chicas al lado del tiburón estaban.

Comenzó entonces otra batalla, en la que el águila siempre buscaba la manera de que la chica se enojara, pero resulta que aunque así lo conseguía, el tiburón no estaba con ella, y tenía que resignarse a esos lapsos de "niñería", donde al final de cuentas, la otra chica recibía los detalles, tiempo y compañía del tiburón, y mientras ellos construían una relación, el águila vivía en la sombra, envidiando, quejándose, culpándose, comparándose, aferrada a una "ilusión" y esperando que la chica y el tiburón terminaran para ella poder ser quien disfrutara todo eso y más.

Una historia más en la que el aguililla se iba hundiendo en su propia trampa, perdiendo esencia e identidad, autocastigandose a veces, empoderándose o colocándose una coraza errónea para no volverse a "enamorar".

El tiburón fue el último amor imposible durante un largo período, el águila opto ahora ser critica, consejera y evaluadora de las relaciones que a su alrededor veía, con claridad y objetivity daba siempre un consejo lleno de "sabiduría y verdad".

Cuestionaba constantemente él porque hombres y mujeres se comportaban de cierta forma, evaluando el bien y el mal, retomando experiencias indirectas, visualizaba realidades que de acuerdo al seguimiento de mismos patrones podrían suceder.

No puedo negarlo, era muy buena en verdad, no requería vivir de forma directa, su análisis, intuición, observación profunda y cuestionamiento constante le ayudaban a tener un grado de madurez excepcional.

Ahora el águila criticaba siempre a sus amigas cuando sufrían por alguien que no las valoraba, cuando estaban con una persona con dueña, con ex novia complicada, cuando eran condescendientes o se la pasaban lamentándose y contando a "todo mundo" lo que les pasaba.

Perooo...más rápido que pronto sus palabras se tragaba, olvidando esos consejos y cosas que no aprobaba, en las redes de un par de lobeznos su vida nuevamente se "complicaba".

A continuación un par de historias en las que sin importar que tan inteligente o sabia, tarde o temprano terminas envuelta en una telaraña de la que difícilmente te salvas.

LOBO DISFRAZADO DE OVEJA... (ALERTA, ALERTA)

El águila convertida en caperucita, al primer lobo feroz encontró, y en medio de un lindo bosque su corazón de acero otra vez se enamoró.

Habían pasado ya un par de años en los que su corazón endureció, evitando ilusionarse y mucho menos que alguien se acercara suficiente para evitar lastimarse.

¿Recuerdas aquel novio que tuvo a la distancia cuando sus 15 inviernos cumplió?, recapitulando y haciendo un recuento de lo leído hasta el momento, fue realmente el único novio que tuvo en todo este tiempo.

Ha culminado su carrera y lleva ya su segundo año laborando en medio de un hermoso bosque, rodeada de calidez y aprendizaje, estable emocionalmente, reencontrándose consigo misma, rompiendo paradigmas y reestructurando pensamientos y creencias limitantes.

El águila está creciendo y en proceso de transformación, alegre y bien arreglada, segura y empoderada, muy feliz por la vida, compartiendo alegría, pero con un poco de ingenuidad respecto a las mañas de algunos depredadores que la rodean.

Un lobo ya experimentado la ronda sin perder oportunidad, amable y detallista, siempre listo para brindar su ayuda si se necesita.

Le llama constantemente, la hace reír, la escucha y se interesa "genuinamente" en lo que el águila comparte y necesita.

Poco a poco y pacientemente, ese lobo feroz como todo un caballero se comporta, no es físicamente el prototipo de chico que a ella le gusta. Pero su trato es tan bueno, que poco a poco logra que el acero en el corazón del aguililla se vaya desvaneciendo.

Después de un tiempo, el águila descubre que aquel audaz lobezno tiene familia y una fama lo acompaña con respecto a las mujeres.

Un tanto desconcertada, se decepciona y se pone alerta, haciendo nuevamente uso de las redes, lo investiga y descubre por completo el terreno en que se ubica, un poco ilusionadilla cierra su computadora un momento y se cuestiona a si misma.

¿Sería capaz de entrar en ese juego y creer en que es sincero? y a pesar de su familia, ¿podría dejarse llevar y vivir con el una historia bonita?

Un par de preguntas a su mente atormentan pero su "pepe grillo" la regaña y le recuerda, los principios y valores que su vida fundamentan, así que se va alejando y se ahorra esa historieta.

Y entonces sin esperarlo, otro lobillo aparece, totalmente opuesto también al prototipo mayor que al águila suele gustarle.

LOBO FEROZ... (ROMPIENDO MIEDOS Y PARADIGMAS)

Ojos negros, tez morena, sonrisa blanca y perfecta, vanidoso y "presumido" , solitario y apartado, es la primera impresión que se lleva nuestra amiga prejuiciosa.

Y quien se imaginaría que tal impresión sería el comienzo de su siguiente mejor historia, tutifruti buena, mala y regular.

Una tarde de organización laboral, finalmente tuvieron ambos la oportunidad de conocerse y conversar, ambos tenían ideas erróneas de cómo eran, pero cuando la plática, el tiempo y un mismo recorrido coincidieron, su ideas y formas de pensar se acoplaron a tal grado que de forma espontánea y sin esperarlo, poco a poco se fueron enganchando.

Comenzaron conversando de vez en cuando, conociéndose sin prisas, siendo su versión real cada cual, sin querer quedar bien o fingir algo que no eran, sinceros en su totalidad, confesando aquel don Juan, que un hijo y una "separación" eran parte de su vida.

De inicio no hubo mayor problema, conversaban convirtiéndose en amigos y ya, pero entonces la constante convivencia, la vulnerabilidad de uno, la magia y energía del águila que en ese tiempo transmitía, comenzaron a generar un par de sentimientos confusos que crecían cada día más.

El águila siempre responsable y comprometida con la verdad, analizando siempre cada paso, lo bueno y lo malo, pensando demasiado y actuando poco, quedándose a veces con ganas de hacer algo por miedo, falta de aprobación, validez o decisión. Justo en medio de un nuevo proceso en su vida, aunado a la presencia de este chico al que ya quería, se enfrentó por primera vez a una "aventura desconocida".

Decidió dejar de hacer caso a su conciencia, romper reglas, dejar de ser la chica perfecta, cometer errores y "disfrutar de la vida", sin pensarlo demasiado, actuando sin evaluar los riesgos, se dio permiso de hacer en teoría "cosas malas" haciéndolas parecer buenas para justificar sus acciones y no sentir culpa por ello.

"DISFRUTARLO TODO Y PASARLA BIEN" fue su slogan ese tiempo, se dejo llevar y rompió un par de miedos, se volvió un tanto egoísta y se preocupo solamente por hacer lo que a ella le conviniera sin importar las consecuencias, diciendo una que otra mentirilla, yéndose por primera vez de pinta, dejando que aquel lobillo dirigiera un poco su camino, le gustaba que la retara para hacer lo que no haría y como perder no era una opción en teoría ella siempre ganaba.

Y así fueron todo sin serlo nada, incluso logro persuadirla para que sin presión por primera vez a él se entregara. Ella siempre tuvo miedo y en ese tema era muy reservada pues aun era joven y con muchas metas, por lo que no estaba dispuesta a que un "pequeño error" su vida le complicara.

Sin embargo, con el se sintió segura y le inspiraba confianza para dar un siguiente paso en la relación. Aunque no se arrepintió, a veces se imaginaba que pudo haber elegido mejor tiempo, persona y circunstancias.

Fueron todo sin ser nada, sin etiquetas, ni reconocimientos, sin un futuro juntos certero, con sombras alrededor y vulnerabilidad constante que limito que una relación formal se concretara.

El águila solamente disfrutaba y aunque miles de preguntas en ocasiones tenía, prefería no decir nada para no arruinar esa "fantasía". El problema es que al no decir nada, solo dejaba que el tiempo pasara, esperando sin conseguir nada, viendo como el lobezno hacía y deshacía con su vida, tomando decisiones sin que ella fuera realmente parte de su vida.

Y así pasaron varios años, una relación sin futuro que por miles razones y tal vez ninguna acertada se mantenía. El regresó con su ex pareja un par de veces hasta que finalmente se separó, ella se mantuvo a su lado de una u otra forma, pero cuando el finalmente se decidió a construir algo bien con ella, el águila ya había conocido a otro chico y solo podía verlo como amigo.

El águila estaba segura que su relación con este nuevo chico, que llamaremos "Tigre", sería la buena y definitiva, pero resultó que justo cuando más segura estaba y había decidido dejar ir al lobezno, el tigre de su vida se esfumó.

El águila vulnerable nuevamente en las garras de lobezno estuvo un tiempo, pero al no existir el mismo sentimiento y no tener claridad de nuevo, la situación no funcionó.

Paso un tiempo y el lobezno confesó al águila que había conocido una chica y de ella se enamoró, le contó un poco sobre la historia y el águila maduramente un consejo le dio; sin embargo, cuando la conversación terminó, el águila sintió un golpe duro e inconsolablemente lloró.

No entendió porque con ella siempre había un pero, una excusa, un problema sin solución, y con la nueva chica sin mayor problema todo se dio. El águila no tendría porque sufrir así pues en teoría ya no sentía nada por el lobezno, tal vez el sufrimiento fue generado por su ego, por no poder aceptar que alguien más consiguiera con facilidad lo que a ella le costó todo y más y que al final nunca se pudo concretar.

Orgullo, ego, dolor real, de todo un poco tal vez, pero por primera vez el águila conoció el odio, un odio tan grande que así como lo quiso, en ese instante solo pudo desearle lo peor, esperando ver el día que su historia no funcionara y el lobo se quedara solo, justo como ella estaba.

Una parte de su ser realmente disfrutaba cuando la pareja actual al lobezno maltrataba y el tenia que esforzarse por tener lo que sin mucho esfuerzo el águila le hubiera dado en su momento.

Así paso un tiempo hasta que finalmente el águila sanó, lo perdono y se perdono y de semejante sentimiento se liberó. Ya no se culpa ni se castiga, ha logrado comprender la lección, agradece lo bueno, lo aprendido, y si bien no son los mejores amigos, aun pueden hablarse como buenos conocidos que son.

TIGRE... (ESTRELLA FUGAZ)

Cuando el lobezno regreso con su ex, el águila estuvo un tiempo sin "alguien a quien querer", hasta que una mañana de invierno, mientras esperaba un transporte para ir a su trabajo, conversando con una amiga, un joven apuesto se acerco, con un tonto pretexto a la amiga saludo y después se despidió.

Sonrisa coqueta, barbita encantadora, mirada hipnotizante, porte tan elegante, chinitos bonitos, tez blanca y manos suaves, hicieron que aguililla se petrificara en ese instante.

Justo como lo había pedido, físicamente hablando claro. De inmediato cuestiono a su amiga sobre aquel encanto de hombre, que además ¡era soltero!. Y sin perder mayor tiempo, busco la manera de estar en contacto con él.

Impaciencia constante, pequeño problema relevante, su prisa por apurar todo y estar siempre un paso adelante, le ha impedido al aguililla dejar que los chicos la persigan como a ella le gustaría.

Pero...sigamos adelante...una vez que lo contactó, múltiples preguntas le hizo y el amablemente respondió, soltero si, amable y atento también, pero su lugar de origen estaba un poco lejos. Él deseaba prontamente mover su lugar de trabajo cerca de padres y hermano, situación por la que soltero y sin compromiso se había mantenido.

El águila no estaba dispuesta a dejarlo ir, era su "príncipe azul", tenía todo lo que siempre había soñado, aunque también un mal pasado amoroso que lo había orillado a dejar todo lo conocido, para seguir a su "amor" en teoría correspondido que al poco tiempo de estar juntos lo alejo de su camino.

Una pena grande albergaba su corazón y por ello no quería otra desilusión. Al águila terca sin duda, ello no le importó y pensó inconscientemente: "a este hombre lo rescato yo".

Ese afán de salvar chicos, nuevamente en acción, y después de un par de charlas, por fin lo "convenció", se dieron la oportunidad de ir construyendo poco a poco una relación, comenzando como amigos y luego ver que más se daba.

Conversaban todo el día, menos cuando laboraban, en las noches platicando a veces se desvelaban, lo cual no les importaba. Felices y acompañados a pesar de no estar juntos se sentían, y sin querer queriendo se enamoraban.

El águila feliz, sentía que volaba, la vida le parecía hermosa y una vida junto a él ya se imaginaba, como serían sus hijos, la boda y toda una vida hermosa que les esperaba.

Él le correspondía y por ella suspiraba, aunque poco se veían, no cabía en sus corazones tanto amor que desbordaban, pasando así un par de meses hermosos, llenos de amor y magia.

El águila estaba segura de que pronto su vida cambiaba, todo iba viento en popa, sin nadie que lo arruinara, y cuando todo mejor estaba, un pequeño malentendido, orgullo, berrinche y falta de una comunicación adecuada, hizo que el tigre tomara una decisión precipitada.

Finalmente su cambio salió y sin más le dijo adiós a su águila soñada, no quiso ni disfrutar el poco tiempo que les quedaba, de forma tajante dijo que mejor ahí le dejaran, sin dar la cara siquiera, un mensajito mandó y el corazón del aguililla de nuevo se destrozó.

Ella insistió muchas veces, que para todo hay maneras, él se dio por vencido y a cada solución encontraba un gran problema, el águila hizo todo y más, el tigre opto por comportase como patán para que finalmente el águila entendiera que no habría marcha atrás.

El tiempo paso eterno, el tigre se fue sin despedirse, el águila se quedo triste, confundida y con un poco de culpa pensando en los mil porqués y los constantes "hubiera", sin respuestas ni retornos a lo que un día fue.

Paso un tiempo en que mantuvieron contacto cero, hasta que un buen día, el nuevamente la buscó, conversaron sobre todo lo que después del "final" aconteció, el estaba arrepentido por aquella decisión, ella triste y dolida se preocupó pero también se alegró, porque no le hizo caso y como niño berrinchudo se aferro a un proyecto incierto y la relación fragmentó.

El volvió a buscarla un día, le dijo que la extrañaba y realmente la quería, prometiendo que pronto una manera de volver para estar juntos encontraría.

El águila de nuevo se emocionó ante dicha posibilidad, el tigre no hizo mucho para que llegara ese día, las cosas no favorecieron y por vencido fácil se daba, viendo solo aquello malo que le pasaba. Aunque el águila lo animaba, el se ahogaba en un vaso de agua.

Otra vez un tiempo sin saber nada uno del otro, el apareció nuevamente, pero el águila tenía otro nombre y sentimiento en su mente, nada consolidado aun, pero tampoco libre totalmente.

El tigre al águila visitó, conoció a su mamá y mascota. Con el águila seriamente conversó, sobre su interés en estar con ella de verdad y para siempre, el águila no dijo nada, pues además de que no se lo esperaba, tan segura de querer lo mismo ya no estaba, el tiempo había transcurrido, sus metas habían cambiando y aunado a ello un nuevo chico a su puerta había llamado.

El tigre se fue y prometió volver, el águila no creyó del todo y palabras ya no le bastaban, requería hechos contundentes que lo demostraran, entonces aquel tigrillo se ausento un largo periodo y solamente argumento que sus planes como siempre le fallaron.

Así que aquella promesa en el aire se quedaba, tal vez era verdad, pero el águila segura estaba que no podía seguir esperando y alguien que no buscaba salidas a pequeñeces, ante grandes situaciones sería aún más complicado. Además un par de años mayor, incapaz de tomar una decisión, arriesgarse y evitar constantemente quejarse, no es algo que ella quisiera en su vida venidera.

Sus actitudes también de pronto le recordaban a su querido papá y lo que en él le chocaba, y como no podría estar con alguien igual, opto ahora ser ella quien se alejaba, conversando cada vez menos, viendo que al hacerlo el se resignaba sin hechos que validaran el poder de sus palabras.

Han pasado varios años, el tigre sigue soltero, a veces quiere volver, y busca cualquier pretexto, para ver si el corazón del águila ya tiene dueño. Le menciona que la quiere, la extraña y también admira, un par de adulaciones y palabras bonitas denotan que sin lugar a dudas sigue siendo un caballero.

A veces el aguililla se detenía un poco y pensaba si tal vez debería poner su vida de cabeza, e ir hacia donde él, por esa historia incompleta, darse otra oportunidad para dejar de ser soltera, si tal vez él era el indicado y por orgullo y comodidad, prefería ya no intentarlo.

Recuerda lo bueno en él y piensa que podría funcionar; sin embargo, aterriza cuando a su corazón le pregunta y sabe que lo que fue, difícilmente será, porque después de él hubo un par de chicos más que marcaron su vida, y por uno de ellos siente lo que por el tigre logro sentir tiempo atrás.

No se puede forzar ni actuar en función de una necesidad, el águila no quiere estar sola, pero tampoco por ello se puede conformar, renunciando a lo que quiere, solo para encajar y ya.

El tigre sigue esperando que la ruleta de la vida los vuelva a juntar, ella por ahora no puede pensar igual, pero veremos que sucede en su historia amorosa al final.

El águila había decidido clausurar su corazón, enfocarse en su trabajo y un par de proyectos más, pero un día sin sentido, en que debió acudir a un evento "aburrido", en su equipo de trabajo un zorrito apareció, lentes, voz dulce y cara de niño, ñoño y con su mami al lado, un poco teto le pareció, hasta que mamá se fue y al consumir alimentos, sus sillas quedaron cerca y empezó la conversación.

Resulta que ambos coincidieron en temas del corazón, sus parejas los dejaron y un poco tristes aun estaban ante dicha situación.

Doce horas estuvieron juntos, así que platicaron mucho tiempo, al final hasta jugaban y debido a la hora, él a su casa la llevó, pidiendo antes de despedirse su número de celular, prometiendo que al otro día le llamaría para despertarla.

El zorrito cumplió con su promesa y los buenos días le dio. Así comenzó la historia que después del tigre apuesto, en el corazón del águila despertó, un fuego ardiente que nunca antes conoció.

El águila se había prometido no volver a cometer el mismo error, y con mucha calma anduvo con el joven zorrito, conversaban a veces, salieron a jugar y comer en otra ocasión.

Sus ideas muy parecidas, historias familiares también, pero el de ansiedad constantemente sufría y no la pasaba nada bien, 3 chicas lo atormentaban, y no podía salir de ahí, las quería y extrañaba, se culpaba y castigaba por lo que hizo mal, el porqué de sus rechazos, sus maltratos y manipulación, un laberinto interminable y tóxico que le impedían involucrar de nuevo y sin preocuparse su corazón.

Al menos eso decía, cuando encontraba al aguililla, le encantaba que lo escuchara y su apoyo incondicional le diera, rara vez diciéndole que no, accediendo a lo que el quería.

Al principio le costó, pero cuando finalmente la convenció, supo cómo manejarla para tener siempre su atención, envolviéndola en su trampa, de la que difícilmente salió, era un vicio estar con él, pues despertó en ella un deseo ardiente y pasión, que cada vez que juntos estaban era más fuerte su adicción.

Conversaban de todo, sin censura ni preocupación, él le enseño de todo y a su corazón también confundió, pero nunca quiso darse la oportunidad de algo serio, mintiéndole muchas veces, sintiendo que la dominaba por completo y tenia su absoluto control.

A veces si, a veces no, pero el águila siempre caía en sus redes aunque le dijera no, el siempre conseguía un sí, sacar provecho de cada ocasión y después desaparecía sin ninguna explicación.

Así estuvieron un tiempo, hasta que una mujer en la vida del zorro reapareció, y sin pensarlo demasiado, con ella empezó una relación, expresándole a todo el mundo su inmenso amor, llenándola de detalles, accediendo a todo aunque según él a veces quisiera decir no. Teniendo aun el descaro de buscar al aguililla, hablando mal de la chica que ante redes y el mundo entero él amaba.

El águila un par de veces nuevamente lo vió, pero después de analizar todo, descubrir tantas mentirillas, verdades a medias y manipulación, después del dolor sufrido, el orgullo herido y un par de motivos más, un buen día cuando el zorro la buscó, le dijo todo lo que sentía y que alejarse era lo mejor, que dejara de buscarla y se alejará para siempre de su vida.

El águila por un tiempo estuvo muy resentida, odiándolo sin medida, deseándole solo lo peor, recordando sus mentiras y transformando el amor que aun sentía en desprecio y decepción.

Paso un tiempo viviendo así, viendo en ocasiones fotos de su nueva relación, leyendo con gran coraje sus palabras de amor hacia alguien que no era ella, viendo su facilidad de acción, sin pretextos ni sombras pasadas que se lo impidieran lloró, se culpó y durante un buen tiempo se quejó.

Después de un nuevo período de crecimiento y transformación, comprendió que todo había sido parte de un ciclo de la vida requerido, para ser mejor, crecer y comprender el mundo a su alrededor. Para poner a prueba su temple y fortaleza y finalmente aprender la lección de lo que sí y lo que no, descubriendo a través del camino lo que quería, lo que estaba dispuesta a permitir, aceptar, dar y ceder y aquello que sin importar como ni cuánto, de nada serviría ni permitiría.

Tiene el día de hoy una madurez emocional diferente, que le ha permitido perdonar de corazón, reír, agradecer e incluso bendecir por haberse cruzado en el mismo camino. Deseando al zorrito el bien, que su relación realmente dure y perdure, que logre conocer lo hermoso que hay en la vida, porque sabe que él zorrito ha sufrido mucho y merece ser feliz.

Agradecida también porque con él no pudo ser, pues ha logrado reconocer cosas que no le agradaban en él y que no podrían sumar en su vuelo cotidiano, ni le hubieran permitido extender un poco más sus alas, siendo cortadas tal vez y absorbida su luz y energía también.

Ahora lo ve como un conocido y ya, sin sentir dolor, preocupación o algo más, es bueno saber que está bien y que la vida sigue, con, sin y a pesar de él.

Amigos no podrán ser, enemigos tampoco, siempre recordará lo que fue. Por todo lo que hubo entre ellos, es seguro que si un día un favor uno del otro llegan a necesitar, sin pensarlo mucho ahí estarán.

Esta fue una de esas raras relaciones de conexión inexplicable pero que por falta de firmeza y madurez no pudo ser.

Las aventuras amorosas del aguililla están por terminar, solo 2 animalillos más y una reflexión que puede ser cuestionable o por el lector complementada casi al terminar.

PULPO... (INDECISIÓN)

El águila ama viajar y cuando perdió el miedo a volar, no con alas propias pero sin las ataduras de creencias limitantes sobre lo malo que en los aviones pudiera pasar, se animó a tomar por primera vez un viaje internacional, al que ni su familia o amigos la quisieron acompañar.

El primero y el mejor, siempre lo recuerda con alegría y emoción, pues al no llevar mancuernas pudo hacer y conocer sin limitarse, olvidándose de su trabajo, celular y demás, siendo lo más importante, divertirse y disfrutar de cada instante.

Se prometió ni siquiera tomar fotos que la distrajeran de mirar con sus hermosos ojitos lo bello de los lugares. Y justo en el aeropuerto un chico la cautivó, vestimenta peculiar, ojos lindos dominantes, tímido para expresarse y con miedo de volar.

El pulpo lo llamaremos, en honor a ese viaje, justo al lado de él, en el avión se sentó, iba un poco temeroso y también llevaba tos, el águila preparada una pastilla le dio, acudiendo a su rescate.

Una pequeña charla tuvieron y después de unos instantes, dormidos quedaron ambos, para hacer más corto el viaje.

Convivieron otras veces a lo largo de los días, coincidieron en algunos gustos y lograron acoplarse, pero entonces una chica que también iba en el grupo comenzó a entrometerse, hasta lograr por completo separarlos en el viaje.

Era ella muy parlanchina y segura de si misma, con tremenda iniciativa, logrando lo que quería. El águila se hizo a un lado, no iba pelear en un viaje, por un pulpo que parecía perdido y manipulable.

Y resulta que la chica consiguió que aquel pulpillo saliera con ella luego de regresar de aquel viaje y al final fueron pareja por un tiempo, pues su relación no resulto del todo tan agradable.

El águila se enojó, y llego a odiar y envidiar a esa chica, pues le robo su oportunidad de tener en aquel viaje una linda compañía y también buena pareja.

Al final ellos cortaron y el águila se convirtió en buen apoyo y amiga de aquel pulpo. Por azares del destino, su relación fue creciendo, apoyándose uno al otro en algunos proyectos que hicieron.

Y después de un par de meses, al cine por fin salieron, a cenar después se fueron y una gran charla tuvieron, pero aquella situación no se repitió de nuevo, él con mucho trabajo siempre, ella vulnerable por aquel joven zorrito.

Continuaron coincidiendo, conversando de vez en cuando y después de otro tiempo otra reunioncita planearon, el cocino para ella y en medio del desayuno de su gusto mutuo hablaron, el pulpo planteo a ella tener una relación informal, ella no quería eso pero al mismo tiempo quería probar.

Entonces después de un rato, un par de besos se dieron, el pulpo quedó encantado, el águila no logro disfrutar tanto. Hace mucho ella quería que tal situación pasara, pero ahora que sucedía, no fue como se lo imaginaba.

El quería repetir, ella no pero si; sin embargo no pasó, las circunstancias no ayudaron, el dejo de insistir, ella prefirió dejarlo así y seguir como amiguitos sin complicarse las vidas.

Cada uno con sus proyectos, continuaron como amigos, hasta que de nuevo un día platicando decidieron volver a salir, todo estaba ya arreglado, el terminó todo más temprano. Hacia ella se dirigía, cuando los planes cambiaron, su compañera de trabajo olvido hacer un par de cosas y lo entretuvo de más, el tiempo paso y se hizo muy tarde para que la reunioncita se pudiera concretar.

Al no lograr encontrarse, el águila estuvo pensando, analizando toda la historia, y la forma en que el pulpo la mira, comentarios de personas y algunas acciones de él. Tal vez él en verdad quiera construir algo formal con ella, pero su vida personal, su trabajo y forma de pensar lo limitan en su actuar.

El águila no está segura, solo una sospecha tiene, pero justo cuando pensaba preguntarle y regresar un poco al principio de la historia, su amor imposible actual una propuesta le tiene.

Hasta aquí queda el pulpillo, guardando una segunda oportunidad, que quizás sea posible, o tal vez resulte cierta esa frase que dice:

"A veces no hay segundas oportunidades, a veces es ahora o nunca"

Y por no ser más atrevido, pensar mucho y actuar poco, la oportunidad que se fue, lo hará lamentarse un poco y resignarse a perder lo que pudo ser y ya no fue.

La ultima historia ha llegado, tal vez la definitiva, una estrellita fugaz , convertida en la galaxia de nuestra querida amiga.

OSITO... (PACIENCIA Y MADUREZ)

Una noche mágica y especial, el águila estaba reunida con un par de amigas y otras tantas conocidas, celebrando un año más, obras, risas y buena comida. Un invierno peculiar, con frío agradable y disfrutable, ponche rico y natural sin aditivos especiales.

El águila bromeaba con una amiga que un buen chico le presentara y entonces se le ocurrió un prospecto peculiar, que a esas reuniones no iba pero igual lo llamaría.

El águila en favor de aquel hombre apostó sin conocerlo, en el destino confió y dijo que llegaría, su amiga desde luego dudó y confiada en que ganaba, apostó con la aguililla.

Cinco minutos pasaron y aquel hombre si llegó, llevando consigo bebidas que se le pidieron sin cobrar un solo peso, el águila se alegro ante formidable suceso, su amiga no lo creía y al chico le reclamó, por llegar en aquel momento.

Y así comenzó la historia, entre burlas y sonrisas, compartiendo en aquel festejo, cantando con sentimiento, bebiendo tragos coquetos, un baile y un par de fotos como parte del recuerdo.

Dos piedras del camino diferentes, dos mundos opuestos, corazones desconfiados e inciertos, situaciones de vida llenas de emociones y sentimientos diversos.

El águila llegó a su casa muy emocionada, con sonrisa de oreja a oreja estuvo toda la semana, sus amigas le animaban para darse una oportunidad de intentar algo màs con ese joven encantador.

Ojitos bonitos, chinitos coquetos, sonrisa traviesa, barbita hermosa y diversión por completo.

El águila ya cansada de tantas situaciones fallidas no deseaba tomar la iniciativa y esperaba que joven oso lo hiciera; las amigas impacientes una cita programaron pero al final el águila no pudo y la salida de canceló.

Una de las amiguitas sus números les intercambio para que por sí solos programaran nuevamente una salida para conocerse.

El águila espero un poco, sin embargo; su impaciencia de nuevo la traicionó y un mensaje le mandó, el joven oso accedió y por fin su primera salida se concretó.

Una tarde amena pasaron, buena platica y un par de bebidas, pero el tiempo no fue mucho pues al otro día el águila de viaje nuevamente se iría, así que un par de días sin contacto se quedaron.

Cuando el águila regresó, dejo pasar un tiempo y después lo contactó para retomar aquel encuentro, poco a poco iniciaba, una buena relación, ambos se emocionaban pero también un poco distantes estaban.

Con la guardia en alto, iban cediendo también, expectantes ante lo que pudiera o no suceder, iban paso a pasito disfrutando de a poquito, acudiendo en una tarde especial a un lugar lleno de paz y tranquilidad, conversando todo y nada, cuando el oso se animó, le robo un beso al águila que de momento la sorprendió, pero sin oponer resistencia también le correspondió.

Cuando se despidieron, lo hicieron con un tierno beso, por la tarde conversaron, el oso le dedicó una canción que a ella le encantaba y le llegó directo al corazón.

El águila no quería pero poco a poco nuevamente se enamoraba, y solo con verlo de nuevo soñaba, conversaban a través del celular y su historia prometía ser algo sensacional.

Una tarde el oso le confesó una situación pasada que marco su vida y por ello desconfiaba, pero pese a ello estaba dispuesto a intentar algo con ella y darse la oportunidad de volver a abrir su corazón, el águila emocionada solo un beso le dio y abrazados por un rato, disfrutaron la ocasión.

Pero entonces un día, en que solos estaban, pasó lo que no tenía que suceder, al menos no tan de prisa, para darles tiempo de seguir conociéndose, disfrutando del proceso que por lo general da solidez a una relación.

Sin embargo, no esperaron demasiado y esa noche los dos se entregaron sin pensar en el después, el águila lo disfruto y en lo absoluto se arrepintió pues ambos fueron uno, sin sombras pasadas o historias no resueltas que al final impidiera gozar de total plenitud.

Y esa noche el águila pensó que él sería el hombre imperfectamente perfecto con quien le gustaría compartir su vida, pero entonces algo en ellos cambió.

El oso un tanto distante, poco a poco se alejó, el águila no lo entendía, y un par de veces lo buscó, converso e insistió, el oso decía que todo iba bien, que así era él, pero su conducta demostraba lo contrario, o al menos eso pensaba el aguililla confundida.

El águila se cansó y por ultimo una carta escribió, respetando no muy conforme el actuar de su adorado amor.

El águila no entendía, se culpaba por ceder, y otra vez los mil porque, los hubiera sin cesar, mil y un preguntas y pensamientos fuera de lugar, pero por mas que lo intentaba no dejaba de pensar en su historia suspendida, negándose a entregarle un punto final.

Una coma, puso entonces, dejando pasar un tiempo, disfrazando sentimientos, y después de un par de meses, volvieron a conversar, retomando poco a poquito esa historia sin final.

El águila comprendió el porqué de su actitud, ya no se comporto insistente, queriendo forzar las cosas, comenzaron una etapa con mas libertad para ambos, disfrutando tiempo juntos, sin pensar en el después, viviendo un día a la vez.

El águila todavía lo quiere, seguramente así es, el no lo dice, pero se nota en todo su ser, ambos son cautelosos, casi no conversan ni se ven, así no se acostumbran y al mismo tiempo no están seguros de lo que pueda suceder.

Cuando parece que se van a frecuentar un poco más, un encierro obligatorio en teoría los aleja, pero conversan con más frecuencia y cuando finalmente se logran escapar de su circundante realidad, se reúnen, demostrándose con cada beso, lo mucho que se extrañaron y quieren estar juntos más tiempo.

Entonces sin esperarlo, el oso al águila le hace una propuesta, el águila quisiera decir en automático un rotundo si, pero su boca no lo deja salir, su mente la traiciona un poco y titubeante, casi en silencio da un si, no muy certero.

El oso no la presiona pero le dice que piense en ello, en la posibilidad de vivir juntos y formar una hermosa familia, se despiden con la promesa de volver a verse en un par de días posteriores.

El águila suspira y no para de pensar en la propuesta tan esperada, un par de dudas aparecen, sentimientos que la confunden, realidades que se imagina y una nueva vida con él visualiza, pensando en todos los cambios que se requieren, su libertad absoluta en juego, pero por fin la oportunidad de compartir con alguien su espacio y formar una familia.

Y después de poco pensarlo, decide acallar su mente, no dar más vueltas a ello, eligiendo corresponder con un SI a su oso adorado.

Y entonces con la seguridad de su decisión, espera con ansias volver a verlo para acordar la ocasión de anunciar a sus familias sobre aquella situación y ponerle una pronta fecha a la nueva dirección de una vida juntos con gran emoción.

La seguridad se desvanece cuando un par de semanas pasan y el oso no se hace presente ¿acaso se arrepintió? ¿algo nuevo en su vida pasó? El águila se atormenta pensando sin querer pensar en todo y más, tratando de ser paciente y esperar, lo busca pero el no contesta y entonces el águila se pregunta ¿qué pasará?.

Trata de mantenerse en calma, positiva y con paciencia, pero una parte de si, siente un poco de miedo e inseguridad, sin embargo ella, recuerda que pasará cuando tenga que pasar, si así debe de ser, será, y no queda más que esperar sin forzar, dejando que la vida fluya. Enfocándose aunque impaciente, en sus múltiples proyectos y más cosas pendientes que tiene por culminar.

Así la historia amorosa de nuestra querida amiga, seguro te has identificado con algunos elementos en ella, no importa si eres hombre o mujer, es un proceso que todos vivimos alguna vez, algunos logran aprender pronto y no requieren tantas lecciones, otros pueden pasar la vida entera sin lograr entender.

Ojala estas historias te sirvan para evaluar con objetividad tu realidad a partir de la historia de vida de un águila. Para evitar repetir patrones que te dañen, o bien, evitar sufrirlos demasiado y darte cuenta que todo es parte importante del proceso. Tras un "fracaso aparente" es posible levantarse más fuerte, consciente y seguir disfrutando de las mil y un aventuras que nos brinda siempre cada día presente.

 Desde luego las historias por aquí descritas no están del todo completas pues de ser así se convertiría en un capítulo interminable. Se han escrito solo algunos detalles generales, para darte una visión que te permita entender el porqué detrás del que, y cómo nuestra amiga aguililla fue aprendiendo en todo el proceso, hasta lograr conseguir finalmente una historia diferente, con amor maduro y consciente.

Algunos terapeutas señalan que dentro de los primeros años de vida se forma la personalidad del niño, siendo los más importantes pues se construyen los cimientos de su desarrollo integral que permitirán o no ir creciendo con mayor seguridad, libertad o todo lo contrario.

Entonces, haciendo un recuento de la vida del águila en esta etapa, podemos ver que su ambiente familiar y social fue bueno, lo cual le permitió y le permite ser una persona perseverante, resiliente, proactiva, creadora de nuevos proyectos constantemente.

Sin embargo, en la parte afectiva, ha vivido siempre ante un conflicto muy marcado en el que por un lado, tiene un lado sensible, solidario, preocupada por ayudar a otros y mostrar su cariño a través de algunos detalles intangibles como su tiempo, escucha, consejo, apoyo incondicional, al dar presentes como cartas y obsequios, pero al mismo tiempo era demasiado buena, siempre intercediendo por los demás.

Sumisa y conformista con lo poco o nada que se le daba, poniéndose siempre en último lugar, sin reconocerse como alguien valiosa, con actitud derrotista y falta de energía, iniciativa y actitud proactiva que le permitiera salir del pantano y avanzar.

Por otro lado, orgullo, autosuficiencia, soberbia, perfeccionismo y desconfianza, eran aspectos que a veces le ayudaban y otras tantas la limitaban.

Resulta también, que la forma en cómo las mujeres se relacionan con otros hombres, se basa en gran medida en la relación que mantienen con sus padres, de manera que al no tener en casa un padre afectivo, capaz de escucharla, charlar con ella e interesarse genuinamente por lo que le gustaba o preocupaba, además de ver a lo largo de su vida ciertas injusticias, creció con esas heridas de amor que a pesar de no ser directas hacia su persona, si lo fueron hacia una de las personas más importantes de su vida.

Teniendo esas imágenes y palabras muy marcadas en su subconsciente, las cuales a pesar de no aceptarlas como parte de ella, iban repercutiendo en como se relacionaba con quienes le rodeaban, buscando en los chicos ese afecto paternal no demostrado y al mismo tiempo rescatar en ellos algunos patrones de conducta rechazables en sus padres, para evitar a toda costa que ellos se convirtieran en lo que consideraba no les ayudaría.

Pero al no ser consciente de ello, atraía una y otra vez el mismo tipo de situaciones, con cuestiones muy particulares cada una. Adoptando un papel de "chaleco salvavidas", levantando su ego y autoestima, dando de si todo y más para mejorar sus vidas, estropeando con ello su estabilidad emocional, al involucrarse de lleno y sufrir sin tener que hacerlo, cuando veía a esos chicos frustrados, vulnerables e incluso con deseos de no vivir más.

El águila absorbía entonces toda esa baja energía y se enganchaba de más, perdiendo claridad y objetividad, terminando en una situación obsesiva de la que difícilmente decidía escapar y cuando finalmente lo hacía, atraía nuevamente como imán otra situación parecida y era cuento de nunca acabar.

En teoría el águila se volvía más astuta y sabia, se recordaba una y otra vez lo que sí, lo que no, lo que nunca, pero al tener un personaje diferente, su mente se bloqueaba y se olvidaba de la situación anterior, cometiendo así un par de nuevos y viejos errores.

Desde luego no todo fue malo, cada uno se llevo una parte de ella pero le dejo también un par de nuevas experiencias, aprendizajes e ideas nuevas y finalmente todo fue necesario vivirlo para comprenderlo mejor y llegar a un punto clave, donde después del dolor, frustración, lágrimas y obsesión, puede ahora compartir con quienes le rodean todo lo que aprendió, sanando a través de cada línea, recordando todo con alegría y emoción.

Orgullosa de dar siempre un poco de su amor, construyendo un corazón grande, regalando su perdón y olvidando de su vida el odio y rencor, comprendiendo que caer es parte de aprender, llorar es parte de fallar y que sufrir es parte de vivir, sin arrepentirse por ninguna experiencia pasada, bendiciendo y agradeciendo infinitamente la presencia y ausencia de cada gran hombre que ha tenido la fortuna de conocer.

Claro que llegar a esta parte no fue nada fácil, al inicio cuando el águila se dio cuenta de la "culpa" que sus padres tenían en sus relaciones o decisiones amorosas fallidas, comenzó a culparlos, juzgarlos, odiando un poco incluso a un par de integrantes de su familia por haber influido en gran medida en el porqué de ciertas conductas poco afectivas alrededor de su vida.

Así duró un tiempo, odiando todo a su paso, viéndose ello reflejado no solo con los chicos sino en todas las actividades y relaciones que conformaba.

Pero entonces un buen día, en ese periodo de "confinamiento" (del que hablaremos más adelante), cuando mas perdida estaba en su vida y había olvidado el sentido de la misma, el águila descubrió el porqué detrás del qué, el motivo transgeneracional por el que todo lo anterior le sucedía.

Supo que todo ese aparente "mal" se debe en gran parte a una situación familiar transgeneracional, patrones de conducta, deudas no saldadas, lealtades familiares que sin querer queriendo atan. Y para poder romper con ello es preciso reconocer, perdonar, reconciliar, honrar y agradecer para finalmente sanar, liberarse y transformar su presente y futuro personal.

Conoció así un ritual para desprenderse, bendecir, agradecer y perdonar a quienes le antecedieron, al igual que a sus papás, pues mucho de su pensar y actuar estuvo en función de su relación con ellos, lo vivido, escuchado y observado durante años.

¿Sabías algo de lo que acabas de leer? El águila había escuchado un poco pero cuando logró profundizar en ello y revisar su árbol genealógico ¿adivina qué? comprobó que en efecto hay un caos repetidito generación tras generación con lo que le queda claro cuál puede terminar siendo su situación si no rompe por completo con ese lazo que aunque no se puede ver, esta más que presente y ya no lo desea tener.

El águila definitivamente no quiere seguir con esa "mala tradición" y ha decidido embarcarse en un proceso de transformación y sanación que le permita cambiar las cosas y evitar que sufran la misma situación su generación y las que le preceden, sea hombre o mujer.

Si deseas conocer un poco más de los rituales con los que el águila comenzó a sanar, te invito a visitar los anexos, donde podrás encontrar algunos links que te lleven a conocer un poco más, para sanar a tu niño interior así como desbloquear la relación con papá y mamá, situaciones aprendidas con una experta en resiliencia, educación y tanatología.

Espero de corazón que de algo te sirvan y recuerda que sin importar que, cómo y porqué, tus padres hicieron lo mejor que pudieron a pesar de las heridas no sanadas que durante mucho tiempo cargaron. Lo mejor que puedes hacer es aceptarlos, perdonarlos y agradecer infinitamente por todo lo necesario.

Recuerda que:

Tienes el poder de ser quien quieres ser...
Tienes el permiso y derecho de vivir tu vida...
Eres responsable de ti
Haz madurado y tienes el poder de trascender...
El único límite lo pones TÚ...

Te lo digo a través del águila que pese a una vida llena de cicatrices y heridas, se levanta cada día con la ilusión de pintar de nuevos colores su vida, ser cada día un poco mejor para si misma, sin buscar aprobación o complacer a los demás solo porque si.

El águila sabe que por el simple hecho de existir vale, merece y puede, se repite firmemente que su amor más grande lo tiene siempre frente al espejo y que antes de tomar una decisión se preguntara si ello le permite avanzar en la dirección que su corazón le dicta, si hace que su mirada se ilumine y su sonrisa sea sincera.

Y cuando todo ello está en la misma sintonía, cuando mente y corazón se equilibran, con paciencia y determinación se dirige hacia esa puerta.

Aun son su debilidad los ojitos bonitos, sonrisa coqueta y barbita encantadora, pero ya no se impacienta ni por ello se agobia, hace lo que le corresponde consciente de que pasara cuando tenga que pasar, de la forma que tenga que pasar. Dejando que todo vaya y venga sin forzar, con la seguridad de que las cosas buenas llegaran y se quedaran.

No tiene prisa por correr antes de caminar, ha comprendido que vale la pena esperar por lo que vale la pena tener, que si es bueno no será fácil y que si es fácil no es tan bueno.

El águila sabe ahora quien es, se ama como nunca, se respeta y se disfruta, esperando compartir toda la felicidad que ya forma parte de ella con alguien que también quiera construir una bella historia.

No busca otra mitad, pues ella sola esta completa, busca por el contrario un par de brazos cálidos y amorosos con los que pueda seguir creciendo y junto con ellos descubrir más de lo que el mundo interno y externo brinda siempre a todos aquellos que son capaces de ver mas allá de lo simple y perfecto.

El águila esta lista pues, para emprender un nuevo vuelo, construir su propio nido, sin ataduras pasadas ni miedos, sin sentimientos malos ni deseos pasajeros, rescatando el romanticismo pero sin ser el único elemento, construyendo un "amor maduro" que le permita volar por el amplio cielo, con, sin y a pesar de las tormentas, huracanes y laberintos interminables que puedan aparecer al lado de atardeceres soleados y amaneceres llenos de frescura y claridad.

CAP. 4
NAVEGANDO
POR LA VIDA

"Ni señora, ni señorita. Somos una mezcla de lo vivido por el mundo, de las personas conocidas, de lo bueno y lo malo experimentado. Cada quien tenemos una historia que nos define. No existe un nombre para lo que somos. Solo somos, y eso es más que perfecto"
—Inés. treintona, soltera y fantástica*

Este capítulo inicia con las palabras descritas en una de tantas películas que le han dado una enseñanza al águila. Ella se encuentra en una etapa crucial, donde "señora" le hace sentirse vieja y señorita fuera de lugar, 30 inviernos ya forman parte de ella, el inicio de la mejor etapa para algunos, la culminación de la juventud para otros, la etapa en que la vida va más de prisa, el tercer escalón donde un cúmulo de comentarios propios y ajenos se hacen al respecto.

La pregunta es ¿qué de todo ello es cierto? ¿tú qué piensas? ¿te identificas con alguna de esas afirmaciones o se te han venido a la mente otras?

Seguramente si, tal vez aún eres "joven", estás en esa edad o un poco más, eso es lo de menos, ya lo dijo un cantante, no le quitemos años a la vida, pongamos vida a los años mejor.

¿Muy cierto no?, el número es tan solo eso, un número carente de valor, a menos que cada uno decida algo mejor.

El águila odia que le digan señora, es verdad, pero no por ello deja de volar, ella considera que su mejor etapa acaba de comenzar, pues sus experiencias han sido suficientes para llenarla de madurez, sabiduría y aprendizaje sin igual.

El águila puede ser ya una mujer totalmente independiente, pero entonces una parte de ella sigue aferrada a permanecer en su nido inicial, donde el círculo vicioso no tiene final, donde le siguen tratando como niña y limitan su actuar.

Si así sucede es porque el águila quiere, porque no se decide ni actúa con firmeza, dudando sin parar, viviendo en función de la vida de los demás, siendo cada día más difícil tolerar lo que no puede cambiar.

El águila sabe lo que debe hacer, y aunque se cree muy valiente, una parte de ella se aferra a su rama vieja y podrida porque tal vez en el fondo tiene miedo de la soledad, de fracasar en el intento y que todas las cosas escuchadas, cuestionadas y debatidas por años se hagan realidad.

El águila es sabia, con ideas nuevas y claras, ya no es una pequeña niña, dependiente e indefensa, ante el mundo se muestra libre, con garra y tremenda fortaleza, pero una parte de si continuaba insegura, incierta.

Por fortuna y como una bendición que muchos han visto como el peor momento e incluso de su vida el final, el águila vive una extraordinaria oportunidad de confinamiento total.

Dejando de ver amigos, familia, compañeros de trabajo y más.

Haciendo una pausa interminable, que le permite cuestionarse y trabajar con todo lo que hasta el día de hoy ha enfrentado, pensado, madurado, cambiado, cuestionado. Y decide finalmente iniciar un proceso de crecimiento personal que le permita transformarse y construir un presente y futuro diferente.

Logrando cumplir metas durante algún tiempo pospuestas, dejando de lado lo que el mundo dice y piensa sobre la situación actual, se concentra en fortalecer su plano intelectual, físico, armático y espiritual como parte de un desarrollo completo e integral.

Inicia un camino lleno de recuerdos, sanación y reprogramación, que la van liberando y al mismo tiempo generan en su mente un caos donde choca la vieja y nueva información.

Un par de meses anteriores al confinamiento, el águila retoma la lectura de un muy buen libro que un par de años atrás había comprado, sin tener la oportunidad de revisarlo antes y con el deseo de ir modificando su situación actual decide descubrir lo que dentro de sus páginas le podría servir.

...Pequeñas decisiones diarias van generando la vida que tenemos, en función de las decisiones que tomamos o dejamos de tomar y son justo las más pequeñas las que moldean nuestras vidas.

Desde la comida, lugar de trabajo, personas de las que te rodeas, música que escuchas, libros que lees, entre otras cosas que cotidianamente vas realizando de forma muy marcada...

Son las primeras palabras que generan en el águila un sonido de alarma y poniendo pausa en la lectura se pone a revisar el porqué de su situación actual, las situaciones que han generado en su vida un cambio de pensamiento y acción que le han alejado de un par de años en los que actuaba con libertad, rompiendo miedos, sin preocuparse por la aprobación, cuestionamientos o juicios constantes de alguien más.

Ese tiempo en que volvió a sonreír al mundo, sin quejarse, buscando siempre el lado rosa de la vida, disfrutando cada día sin medida, con actitud amable y positiva.

Y se preguntó ¿en qué momento eso volvió a cambiar? ¿en que momento me convertí en un hombre de hojalata?, nunca conforme con nada, viendo cada error con saña, tomando todo personal y como agresión, envidiando incluso triunfos de quienes le rodeaban, atacando siempre ideas contrarias, viendo tormentas en vasos de agua, llenando su corazón de rosas negras y espinas que lo rodeaban sin dejar que nada ni nadie le causara alguna herida.

Heridas que al final ella misma se provocaba, dejando que su mente y emociones la dominaran, encerrada y enganchada en todo lo que a su paso le molestaba.

Y siguiendo con el libro, una nueva idea le hizo aterrizar y descubrir que sin importar como estaba su "realidad" ella podía tomar la decisión de crear nuevos comportamientos y hábitos para apartarla de la autodestrucción, orientándola mejor hacia un éxito rotundo y superior.

Es verdad se dijo a sí misma, la responsabilidad absoluta es mía, es momento de dejar de culpar y ser víctima, recordando que no es lo que sucede como tal lo que afecta su vida y la de los demás sino la forma de reaccionar ante ello.

Así que, a través de cada línea que iba leyendo, un par de ideas y expectativas nada funcionales iban desapareciendo, iniciando así una etapa de redescubrimiento en la que ya no iba permitir que las acciones, pensamientos e ideas de otros influyeran al 100 por ciento en su comportamiento.

ENCUENTRO CONSIGO MISMA

El águila cansada de tanto y todo hizo una pausa, tomo distancia y se refugió en su nido. Redescubrió sin duda que no hay mejor lugar para llenarse de fortaleza, apoyo y energía que aquel lugar donde comenzó su vida.

Se sintió agradecida e infinitamente bendecida por aquella complicada pero extraordinaria familia, recordando que gracias a ella se ha convertido en lo que ahora es y representa.

El águila disfrutó y se relajó como hace mucho no lo hacía, recuperó claridad y ahora que nuevamente sabe que rumbo desea tomar, está más que decidida para emprender nuevamente un vuelo que le permita seguir conociendo, aprendiendo y enfrentando algunos retos que no le han dejado volar más arriba.

Sus plumas aún pesan al cargar con un par de pequeñas heridas, su visión un poco nublada y pérdida, su mente llena de interrogantes y su corazón con una llama que arde y la eleva pero al mismo tiempo aniquila.

Y la verdad es que no se puede mantener un plumaje intacto cuando se vuela con intensidad por el camino incierto de la vida. Sin embargo y pese a ello, el águila no se rinde y se mantiene avante ante la oportunidad que le ofrece un nuevo día.

El águila no sabe con certeza cómo ni cuándo pero una parte dentro de si le hace sentir que pronto emprenderá otro vuelo, muy diferente a los de siempre, donde con todo lo que ha vivido hasta el momento deberá construir un nido nuevo.

El tiempo decisivo ha llegado, esperando sin esperar lo inesperado, el águila volará dejando que sea el viento quien le indique hacia donde sin tratar de controlarlo.

Y así es como HOY se llenará de acciones que den vida a las palabras, evitando mantener situaciones a medias, avanzando con, sin y a pesar de conductas no deseadas o preguntas sin respuestas.

Porque la vida pasa, el tiempo apremia y las oportunidades no esperan, es momento de actuar con firmeza, determinación y coherencia. Y lo que tenga que ser será, aceptando con madurez lo que venga.

Un encuentro consigo misma iba resolviendo, sanando a la niña interior que lleva dentro, reconociendo sus fortalezas y defectos, sueños, metas y deseos.

Reconociéndose como un ser único, valioso, con un tiempo limitado y pasajero por el viaje de la vida incierto y complejo, abrazando su realidad con total aceptación, percibiendo la belleza y lo maravilloso de las cosas a su alrededor, sin enfocarse en lo faltante, poniendo atención en los cambios necesarios, satisfecha de tener la posibilidad de reinventarse amorosamente.

Y entonces... cuando finalmente fue capaz de volver a ver el pasado y al hacerlo evitar las culpas y quejas, sin reaccionar emocionalmente, sino por el contrario, sonriendo, moviendo la cabeza e incluso diciendo: "vaya, es increíble cómo nos comportamos a veces y todo el tiempo perdido al engancharnos ante pasados o sentimientos fallidos".

Tras un profundo suspiro, alzando la mirada al cielo agradeció infinitamente por lo sucedido, bendiciendo y rescatando únicamente lo aprendido, convirtiéndolo en un pensamiento positivo. Sabiendo que algo extraordinario vendrá y que finalmente ha logrado romper un eslabón más de la cadena que le impedía volar un poco más alto.

FREEDOM

El águila sabe ahora que la libertad solo puede venir desde adentro, es una experiencia interna, es poder fluir con todo, viviendo un día a la vez, atendiendo al momento presente con los 5 sentidos, encontrando perfección en cualquier situación, incluso en aquellas que parecieran no ser tan buenas.

Experimentando así alegría y libertad donde quiera, sin importar dónde o con quien este, pues durante un tiempo el águila viajaba constantemente para alejarse de su realidad, del entorno que según ella le impedía obtener total libertad.

El águila estaba segura que marchándose lejos encontraría lo que su nido no le brindaba, pero al volver a casa todo continuaba igual, sin cambio alguno, sintiéndose muchas veces enjaulada.

Sin embargo, el águila sabe ahora que no es la torre ni la jaula las que la mantenían prisionera, sino su mente desenfocada la que le impedía tomar acción y realizar cambios que sin importar la realidad circundante, la mantuvieran en un estado de plenitud, agradecimiento, abundancia y prosperidad constante, manteniendo la calma y paz que durante mucho tiempo afuera buscaba.

Y entonces... el águila voló y observando desde lo alto pudo apreciar un poco de la inmensidad debajo y esbozo una sonrisa incierta, recordando aquello que iba dejando detrás y pensando en lo que vería después.

Comparando ese paisaje diminuto como una tarjeta RAM, tan insignificante pero necesaria para formar parte de un todo y hacerlo funcionar. Pensó que aquello que a veces resulta un obstáculo, problema o reto en ese mundo personal, se cree inmenso pero es tan solo una pizca de sal o un granito de arena que si bien es pieza importante, al mismo tiempo es nada y resulta insignificante.

El mundo es muchísimo más que una pequeña burbujita de cristal, si realmente se desea descubrirlo y ser parte de la majestuosidad del mismo es preciso empezar a cambiar. Pero no solo cambiar por cambiar y mucho menos por y para alguien más, sino para avanzar y crecer de forma personal.

Es tiempo de cambiar el chip, de pensar menos y actuar más, tomar decisiones postergadas, acabando con miedos injustificados y ataduras al pasado, recordar y recuperar algunas piezas que se han ido transformando, dañado e incluso tal vez olvidado.

Abrir no solo las pequeñas alas sino la mente y corazón que de algún modo han vivido engañados, luchar por todo aquello que siempre se ha soñado, vivir por completo, con los 5 sentidos en el aquí y ahora disfrutando, a medias nada, de todo TODO.

Es tiempo de tomar RIESGOS verdaderos que permitan elevar el VUELO. El águila sabe ahora que ya no es tan solo un "polluelo". Su valor e importancia son inmensos y por eso y mucho más tiene ahora una gran responsabilidad, actuar con firmeza y determinación atendiendo siempre a su personal criterio. Trabajando día con día para equilibrar mente, alma y cuerpo, siendo por tanto coherente respecto a sus pensamientos, palabras, acciones y sentimientos.
El águila justo ahora va resurgiendo.

AMOR MADURO E INCONDICIONAL

Y entonces el águila finalmente comprendió que a veces sí, a veces no, a veces mucho, a veces poco, pero poco será siempre mejor a nada.

Que no se debe forzar nada y por el contrario es preciso agradecer ese lapso en que fuiste bendecido con una estrella fugaz, que de algún modo dio luz a tu oscuridad y te recordó que la vida esta hecha para tomar riesgos, vivir, pensar poco y dejarse llevar sin importar lo que pueda pasar.

Y con una gran sonrisa, seguida de un par de suspiros y pensamientos llenos de amor y buena vibra, dar gracias, contemplarle, pronunciar su nombre y desearle lo mejor de lo mejor y un poco más. Aceptar que no siempre se puede y ello no representa un fracaso, es un signo de madurez que puede abrir otras puertas.

Así es mi querido lector, el águila comprendió lo que un amor maduro representa, suspirando por el romanticismo que las películas reflejan pero aterrizando en lo esencial y duradero de algunas parejas.

Entendiendo que cuando intentamos amar a otros sin amarnos a nosotros mismos, nos abandonamos, colocando la felicidad de las otras personas antes que la nuestra.

Aprendiendo también que amarse a si mismo significa ser real y aceptar cada aspecto de nosotros, evitando ser quienes no somos solo por querer encajar o agradar, recordando que nuestras parejas y las personas que nos rodean son espejos que nos van mostrando aspectos no reconocidos, no aceptados o incluso algunos que requerimos ir transformando.

Así que, no se trata de ir por la vida en busca de medias naranjas, de personajes perfectos y totalmente sanos.

Las personas estamos siempre en constante cambio, el mundo cambia y nosotros lo hacemos con él, a veces evolucionando, otras más retrocediendo. De modo que para lograr que las relaciones en el ámbito que sea realmente funcionen, es preciso comprender todo ello, adaptándonos con tolerancia y respeto.

Entonces, la única manera de lograr construir y mantener una relación madura e incondicional, depende de no perderte a ti mismo ni querer que la otra parte se haga a tu voluntad.

Aceptando la esencia de cada uno, construyendo a partir de ahí y en su conjunto, una historia que les permita crecer y transformarse a la par, como un equipo donde la finalidad sea siempre ganar-ganar, compartiendo su felicidad y apoyándose uno al otro en su grandeza, sin buscar obtener por fuera lo que solo cada uno es responsable de fortalecer de manera interna.

UN CORAZÓN QUE VUELVE A NACER

Y entonces... después de un largo proceso lleno de dolor, lágrimas, porqués interminables y sufrimiento inevitable, finalmente logras reconstruirlo y tu corazón está nuevamente listo para latir por objetivos y para qué claramente definidos.

Pero, la verdad es que NO, no resulta fácil decirle adiós a ese alguien imperfectamente perfecto para ti. No es fácil, en lo absoluto, resignarse a "perder" lo que poco a poco y sin querer queriendo fuiste construyendo.

No es fácil lograr que los inolvidables recuerdos y buenos momentos dejen de generar en ti alegría y al mismo tiempo un constante tormento. No es fácil comprender que nadie te complementa y puedes vivir con, sin y a pesar de una "pareja" parcial o totalmente dispareja.

No es fácil renunciar a un reto no cumplido cuando estás acostumbrado a lograr siempre TODO lo que has querido.
No es fácil volver a creer o querer iniciar un nuevo recorrido después de un par de intentos fallidos.

No es fácil tener congruencia en el sentir, pensar y actuar, aparentando en el discurso estar convencido. Sin embargo y pese a todo, después de pequeñas y grandes caídas y las múltiples cicatrices no percibidas, un día despiertas con la certeza de un corazón listo para empezar.

Y no es un simple inicio más, ni tampoco parte de la nada así sin más, es por el contrario un comienzo lleno de aprendizaje, fortaleza y madurez.

Un corazón que resurge listo y preparado para caminar, correr y volar dirigiendo su latido hacia un diferente lugar. Un corazón que sabe la diferencia entre querer y amar, dispuesto a darlo todo pero sin por ello renunciar a todo lo que ha ganado tiempo atrás.

Un corazón fuerte y delicado que se reconoce amado y en la misma medida sabe que merece y será recompensado. Un corazón que vuelve a nacer y no está dispuesto a perder, por nada, por nadie ni una sola vez. No.. no fue fácil... pero a un buen tiempo lo ha logrado y feliz y agradecida el águila se dispone a disfrutarlo.

CAP. 5 ANTE LA CRISIS, CAOS U OPORTUNIDAD

"LO ÚNICO SEGURO EN LA VIDA, ES EL CAMBIO". Entonces, ¿por qué resistirse? ¿Por qué pelear con lo inevitable? El mundo no volverá a ser como antes pero si tienes la capacidad de adaptarte y cambiar junto con él, lograrás descubrir un abanico de posibilidades infinitas siempre.

El águila se percató también dentro del periodo de confinamiento, de lo sorprendente del ser humano y de forma muy marcada el como donde algunos veían crisis y caos, otros encontraron extraordinarias oportunidades llenas de éxito, crecimiento personal y profesional.

Es por ello que se incluye este capítulo, donde el águila comparte un poco de lo que se vivió a su alrededor y le permitió complementar un poco más su visión del mundo.

MIEDOS ENFRENTADOS

El confinamiento inició con miedos intensos debido al bombardeo de los diferentes medios y redes sociales que mundialmente y a cada minuto comenzaron a compartir información negativa y recurrente.

Al inicio toda la población hizo un alto y creía por completo, autosugestionándose, comenzando a caer en las redes del pánico, angustia y desesperación, pensando en todo lo que pasaría, aun cuando no hubiera certeza de nada, simplemente por dejar que su mente los controlara, imaginando escenas aterradoras y desconsoladoras de sufrimiento, muerte y caos total.

Algunos perdieron su empleo y el sustento para mantener de pie a su familia, maldiciendo por lo sucedido, envidiando a quienes no estaban en la misma situación y culpando a todo alrededor.

Otros con estabilidad laboral y económica, comenzaron a trabajar en proyectos postergados y situaciones que la rutina diaria les impedía realizar, aprovechando productivamente su tiempo, limitando el exceso de contaminación informativa, manteniendo los cuidados considerados pertinentes pero sin exagerar en ello.

También hubo quienes felizmente adoptaron una nueva rutina de ocio total, exceso de comida, sedentarismo y apatía.

Fue posible observar como algunos nuevos negocios iban apareciendo, recordando constantemente al verlo esa buena frase que dice "Donde algunos ven crisis, otros ven oportunidad".

Y bueno, ante la diversidad de posturas y acciones observadas, un cúmulo de situaciones debatibles comenzaban a surgir, demostrándose con ello la falta de respeto y tolerancia ante quienes no comparten un mismo sentir.

Las emociones más cambiantes que nunca, totalmente alteradas, dañadas y desde luego cuestionadas, nada nuevo desde luego, toda la vida siempre ha sido así, opiniones divergentes, reacciones impulsivas y respeto y tolerancia poco presentes.

Curiosamente al inicio de todo, las personas compartían cadenas de oración y palabras positivas, reflexiones en función de un momento idóneo para que cada individuo se convirtiera en un ser completo, lleno de amor, honestidad, empatía y apoyo incondicional hacia su entorno y personas alrededor.

Momento perfecto para cambiar la situación, trasformar las energías y ser todos uno mismo, en favor de la vida, crecimiento, perdón y bendición.

Pero el tiempo se fue alargando y con ello las personas se fastidiaron, llorando, maldiciendo y atacando a quienes estaban a su lado.

Mientras algunas familias sufrían por pérdidas irreparables, algunas discutían, generando entre ellas ambientes poco favorables, otras más se mantenían incrédulas, sin confiar en lo que medios y redes continuaban compartiendo.

Entre mentiras y verdades el tiempo seguía pasando, las personas resignadas, sin miedo tan marcado, con medidas preventivas, comenzaron a salir, a reunirse con amigos y ver a familiares que estaban un poco lejos.

El águila por su parte, un poco incrédula pero miedosa, se acostumbraba tanto al encierro, que salir le incomodaba, al inicio contactaba con regularidad a sus amigos, pero a través del tiempo fue alejándose de ellos, encerrándose en su mundo de proyectos y recuerdos.

Sufrió constantemente por los niños que tuvieron que vivir completamente aislados, sin poder salir a jugar con sus amigos, algunos viviendo bien, con papás, tíos, y hermanos, pero consciente que hay algunos que se la vivían llorando, sufriendo por el maltrato de familias en apuros, que ante la situación que se vivió no les regalaban su tiempo, ni paciencia y mucho menos afecto.

La situación era compleja, y por desgracia las verdades a medias, el águila sentía impotencia cuando los niños preguntaban cuando volverían a las escuelas, cuando podrán salir del encierro y construir nuevas experiencias.

El águila sentía un nudo en la garganta enorme, y un par de lágrimas recorrían sus mejillas, recordando que en la vida no todo es bueno o malo, hay siempre un sinfín de pruebas que se deben enfrentar hasta lograr que se recupere en cada persona el valor de la humildad.

A veces el águila también se desespera, sufre y llora, maldice y su corazón se acelera, pero después de un instante recuerda que siempre habrá en la vida cosas que no se pueden controlar, y es preciso buscar siempre alternativas para enfrentar la adversidad.

El águila sabe también que lamentarse no sirve de nada, solo te quita energía y estabilidad emocional, es mejor buscar en todo la mejor manera de actuar, ocupándote de lo que sí es tu completa responsabilidad. Y si de paso a otros puedes en el camino ayudar, habrá que hacerlo con gusto y desinterés de lo que a cambio se pueda obtener.

HURACÁN CONSTANTE

Las emociones juegan un papel muy importante en nuestra vida, generan huracanes recurrentes en nuestra mente sobre todo cuando no se sabe reconocerlas, identificarlas y desde luego como manejarlas.

Hay situaciones que causan reacciones automáticas en nosotros cuando no hemos sanado algunas heridas, no somos conscientes en ese momento o simplemente no estamos presentes en el ahora.

Por eso es muy importante tomarse una pausa, respirar, reflexionar sobre nuestras emociones y preguntarnos desde dónde estamos actuando, si desde el miedo, el ego o el control. Y sólo de esta forma elegir realmente cambiar nuestra historia y nuestra vida.

En esta ocasión ha sido una pasusa obligada pero necesaria, la pregunta es ¿quién logrará realmente aprovecharla? ¿quién logrará ver más allá de la tormenta aparente? volando a través de ella, conquistándola con valor y total satisfacción.

El camino es largo, estrecho y difícil, pero es mejor andarlo por decisión, que mantenerse esperando a que las olas decidan el rumbo sin dirección, lejos de lo que realmente queremos ser, hacer y sentir hoy.

ADAPTACIÓN NECESARIA

El águila comprendió que la situación del momento era solo una pequeña muestra de la vida, una de tantas que seguirá viviendo mientras el juego no acabe y su partida sea inevitable.

Una prueba de fuego para probar la capacidad de adaptación de la humanidad entera, y ahora como siempre, no sobreviven los más fuertes, ricos o inteligentes, sino aquellos que sean conscientes de la fuerza y poder de su mente.

Aquellos que pese a todo logren conquistar la calma, encontrando respuestas firmes y claras, dejando quejas a un lado y la confianza ciega en un solo lugar.

Ocupándose por el contrario de fortalecerse espiritualmente, ayunando de lo malo, que destruye y no aporta nada, enfocando su energía en agradecer constantemente por la vida que se tiene.

Y entonces finalmente el águila logra encontrar esa pieza del rompecabezas que hacía falta en su vida.

Su rompecabezas esta completo, pero es un rompecabezas que puede cambiar con el tiempo y está bien, eso es parte del proceso.

Un proceso que solo termina cuando el universo decide que tu tiempo de juego ha concluido. Pero mientras eso sucede, podrás experimentar un mundo nuevo de POSIBILIDADES INFINITAS, con historias nuevas que contarle a tu mente, sueños transformados en metas y a su vez, en realidades incontrolables y magníficas.

Es tiempo de cambiar, de tomar un vuelo hacia rumbos nuevos, de volar sin límites, sin miedos. El AMOR será sin duda y a partir de HOY, el motor más grande y perfecto.

El momento finalmente llegó, el universo ha conspirado a tu favor ¿hasta dónde? ¿hasta cuándo? esa es solo tu decisión.

Brilla, fluye y reparte al mundo semillas de amor, que nada te detenga y que todo nutra favorablemente a tu corazón.

CAP. 6 MORIR O REJUVENECER

El águila se encuentra ya en la última etapa de su proceso y ante ello, vale la pena recordar que un día volando por ahí, encontró a su amigo Lobo, entablando una conversación larga y amena.

Muchas cosas platicaron pero algo de todo ello hizo al águila detenerse por completo. Ella muy segura dijo al lobo en un momento:

-Voy a cambiar una parte de mi.

Y el lobo con firmeza cuestionó:

-¿Y por qué cambiar?

El águila sin pensarlo comentó:

-Porque ya estoy cansada de dar siempre lo mejor y no recibir un poco a cambio.

El lobo la miró fijamente y con absoluta seriedad argumentó:

-Tu siempre debes dar lo mejor de ti, sin importar el resultado, si lo valoran que bueno y si no, en ti no habrá quedado.

El águila permaneció en silencio reflexionando al respecto y después de un rato comprendió que su amigo el lobo estaba en lo correcto. El águila siempre aprende algo nuevo y el lobo le acompaña con su sabiduría en la etapa crucial para su nuevo y recargado vuelo.

Sin embargo, el águila sabe también que los cambios siempre son buenos y que si no desea permanecer en un proceso lento y poco próspero, debe tomar acciones contundentes, continuando con el arte de expresar cuando algo no lo parece, cuando algo le incomoda o causa malestar, recordando que decir ¡NO! es algo importante y necesario.

Dejar de ser condescendiente ante situaciones que jamás van a cambiar, alejándose del nido que ya no le está aportando y si permanece más tiempo en él, solo conseguirá hundirse y perder lo que ha ganado.

El águila tiene todo y más para volar sin parar con absoluta libertad. Perooo... se sigue aferrando a esa rama, una rama tan igual a otras pero difícil de abandonar.

La deja y regresa una y otra vez. Cuando se aleja la extraña un poco, cuando regresa redescubre que sin importar nada, esa rama seguirá igual, y por desgracia cada vez más deteriorada.

El águila sabe que no puede continuar así, debe agradecer a la rama en que su nido inicial estuvo y le permitió nacer, crecer y aprender pero ya no puede seguir ahí. Alejarse no significa jamás volver, tampoco implica olvidarse de lo que vivió ahí y que le ha permitido ser quien es.

Sin embargo, es justo el tiempo perfecto para emigrar, seguir descubriendo el mundo y construir su propio nido.
Tic tac... tic tac... es tiempo de volar...
Tic toc... tic toc... hay mucho mundo aún...
Tic tac... tic tac... el riesgo hay que tomar...

El águila sigue siendo un poco ilusa a veces, tonta y soñadora. Tantas tormentas y aún no logra dominarlas, pero que puede hacer si sólo sabe dar de una sola forma, si le gusta correr riesgos pese a los resultados.

Prefiere tener cicatrices y seguir volando, en lugar de un plumaje intacto aferrado a la rama de un árbol. Y segura esta que vendrán más tormentas y que finalmente algún día podrá volar en calma a través de ellas.

Todavía le falta un poco de camino para lograrlo, porque sin querer queriendo se sigue aferrando a encontrar agua en el pozo que intermitentemente le ofrece y le quita, sin saber o tal vez consciente de que eso la confunde y debilita.

Ojalá que más rápido que pronto, el águila por fin se aleje y decida emprender un nuevo viaje rumbo a lo desconocido, liviana de equipaje sin ataduras que aumenten el peso de su plumaje.

Es tiempo de moverse de rama, el tiempo apremia y la vida se acaba, el águila debe entender que dónde ya se hizo todo y más, lo mejor es alejarse y dejar que a su manera cada quien viva su realidad, tomando la decisión de un gran éxito o total autodestrucción.

El águila no puede seguir queriendo cambiar a otros, aunque le duela ver como eligen seguir enganchados en realidades obsoletas, no puede darse el lujo de consumirse a si misma tratando de cambiar realidades donde no lo desean.

Y así como el águila, espero que tú, mi querido lector, no dejes que gente tóxica sin vida propia y con muchas ganas de chupar energía haga de las suyas y te haga sentir mal, no les des el gusto de tener influencia sobre ti.

Cree en ti, en tu ingenio, en tu creatividad, porque si quieres, puedes llegar muy lejos. Aprende a decir NO y demuestra con hechos contundentes lo que ya dijiste un par de veces.

Porque la única persona que vivirá con la decisión que tomes, serás tú.

Nada que nos haga crecer es fácil y VIVIR es para los valientes. Así que, a pesar de todo lo que sucede, no puedes conformarte con dar de más, sin recibir un poco de lo mucho que mereces.

APRENDIZAJE CONSTANTE

Un día una persona le dijo al águila: "ay si, tú lo sabes todo" ja.. en tono de burla, enojo, envidia, en fin, eso es lo menos importante.

La cuestión es que no, por supuesto que el águila no lo sabe todo, ni lo sabrá todo nunca, está solamente dentro de un proceso de autodescubrimiento, constante aprendizaje, conocimiento y crecimiento. Donde la información es poder y ello puede resultar favorable o no ante las personas que le rodean, siempre y cuando logre aplicarlo a su favor.

Y esta bien, habrá quienes se alegren, le impulsen, le abran camino e incluso caminen a su lado, pero también algunos se resistirán, serán indiferentes, atacarán, cuestionarán, serán piedritas en su camino con la intención de hacerle tropezar, en fin, en la vida siempre estaremos rodeados de ambos tipos de personas, y está bien.

Aprender a dominar las emociones y reacciones ante todo ello, equilibrando y siendo coherente en el ser, pensar, hacer y sentir, es un reto muy grande pero sin duda vale la pena pagar el precio para descubrir y cumplir el verdadero propósito en la vida.

Con, sin y a pesar de... ahora más que nunca, el águila no tiene miedo del camino sino de no caminar, aún cuando el camino sea estrecho y difícil, a pesar de que al recorrerlo sienta que no vale la pena y por un instante piense que lo mejor es regresar, cuando no haya certeza del destino final y por más que se haga, parezca que no pasa nada.

Porque el águila tiene la confianza firme de que vale la pena, que su vida y el mundo lo requiere, ahora sus alas son más fuertes y grandes que nunca, su mente la mejor aliada y fiel compañera.

Viviendo un día a la vez, agradeciendo y bendiciendo por él, enfocada en el aquí y ahora, dando a la vida lo que desea recibir de la misma, escuchando su corazón y regando semillas de amor, el universo actuará en su favor y le mostrará el sendero por el que resulta preciso dirigir lo que es.

LA VIDA ES UN VIAJE

El águila ha realizado un par de viajes al exterior y al interior, ha descubierto quien es, lo que quiere y lo que no, y en una tarde reflexionando sobre lo que ha implicado en su vida viajar, ha compartido la siguiente reflexión:

Viajar es una de las actividades más emocionantes para la mayoría de las personas, puesto que viajar nos permite conocer, descubrir, probar, sentir y mirar nuevos colores, olores, sabores y sensaciones indescriptibles e innumerables.

Viajar nos permite ver lo pequeño que somos ante un mundo gigantesco, lo mucho que hay detrás de nuestras burbujas de cristal, lo afortunados que somos por ser y estar.

Viajar es también a veces un escape de nuestra realidad, una huida de la que a veces no se quiere regresar y en otras ocasiones se extraña con tanta nostalgia que lo mejor es volverse atrás.

Cada viaje deja recuerdos e historias diferentes, experiencias y aprendizajes que se mantienen en la mente y corazón latentes, algunos viajes te hacen preguntas y otros te las resuelven inesperadamente.

Algunos viajes son largos, sufridos y cansados, otros pequeños y controlados, todos te muestran algo y solo duran el tiempo que los sueñas, planeas, vives y disfrutas, pues al volver a tu rutina cotidiana, solo recuerdos, fotos y experiencias compartidas los mantienen con vida.

Sin embargo, no importa el destino que elijas, el viaje de la misma vida te detendrá cuando lo considere necesario para que a tu realidad hagas frente y tomes decisiones que te cambien radicalmente.

Sabrás cuando el momento de parar llegue, cuando los aeropuertos no sean suficientes, ni conocer lugares, comida u otra gente, cuando un viaje nuevo y totalmente diferente por fin tu travesía por el mundo y por la vida complemente.

Y sin dudas ni temor, abrirás de par en par la puerta que se te pone en frente, con la plena convicción de seguir siendo quien eres, construyendo con amor tardes nuevas y bellos amaneceres.

El viaje más importante ha llegado, es momento de planear lo que de ahora en adelante sus maletas de vida cargaran y lo que se quedará en el pasado, dejando espacio suficiente que permita ingresar nuevas y diferentes cosas a su vida.

Recordando una muy buena y potente frase que señala: "lo que no dejas ir, lo cargas. lo que cargas, te pesa. Y lo que te pesa, ¡te hunde!, hoy practica el arte de soltar, perdonar y dejar ir".

Solo así el águila ligera de equipaje podrá disfrutar aventuras nuevas, con actitudes diferentes ante los imprevistos que durante el recorrido vayan surgiendo, sin optar por elegir soluciones pasadas y obsoletas, enfocándose en soluciones concretas, incluyendo entre sus pertenencias:

SALUD para lograr construir la vida que se desea, física, mental y espiritualmente.

AMOR propio, a la vida y a los demás, para ver el lado rosa y caminar descalzo con la confianza que no habrá espinas, piedras ni pastos secos que causen lesiones o sufrimientos.

BUEN HUMOR para esbozar sonrisas reales de oreja a oreja, contagiando al mundo circundante, haciendo la travesía por el mundo más placentera.

TOLERANCIA para comprender que hay más de una visión de la película, que hay tantas realidades como lugares y personas en el mundo, un mundo que se mantiene siempre en constante cambio y lo mejor es moverse y adaptarse junto con él.

PACIENCIA para recordar que todo tiene un tiempo y una manera, que resulta bueno tener deseos, metas, planes, anhelos, pero la vida puede cambiarlos si considera que no son necesarios.

SABIDURÍA para tomar las decisiones más convenientes, consciente de que no hay decisiones malas ni buenas, solo decisiones, y ante ellas consecuencias, algunas muy buenas y disfrutables, otras tan solo lecciones necesarias y pertinentes.

FUERZA para seguir con, sin y a pesar de las tormentas que puedan aparecer, los huracanes que van y vienen sin avisar y las tempestades que aunque ligeras la pudieran tambalear.

CORAJE para defender sus ideas y a los suyos ante injusticias o situaciones que los pudieran atacar, o bien, para mantenerse firme cuando un par de olas salvajes aparezcan queriéndola hundir y derrumbar.

ULTRAVISIÓN para ver con claridad la realidad, justo como es y no como se desea que sea.

AGRADECIMIENTO INFINITO

La gratitud es una expresión de permitir, sirve como unión, guiándote hacia lo que deseas. Cuando eres una persona genuinamente agradecida, tu mente se centra en lo mejor y al hacerlo, comienzas a tomar la forma y las características del mejor y comienzas a atraer lo mejor que hay en ti.

Agradecer cuando algo bueno te sucede resulta a veces más fácil, pero cuando las cosas no son tan favorables, el agradecimiento tiende a ser cuestionable, entonces, el gran reto del ser humano es justamente agradecer incluso las pruebas difíciles que la vida le presenta.

Agradecer lo que se tiene, permite seguir recibiendo, ser humilde y reconocer que somos tan solo partículas dentro de un cuerpo, al que se le ha otorgado el regalo de la vida.

Un regalo no renovable, que acaba cuando tu misión ha concluido, o bien, cuando haz malgastado demasiado el tiempo, sembrando pensamientos, sentimientos y deseos negativos.

Agradecer permite darte cuenta también de todas las bendiciones que has recibido y sigues recibiendo a lo largo de tu vida, comprendiendo lo abundante y privilegiado que eres, siendo consciente de todo lo que tienes, no solo en cuestión material sino personal y espiritual.

Agradecer contribuye a cambiar tu enfoque, dejando de sufrir por lo que te hace falta, reflexionando a profundidad si ello es realmente una necesidad o solo algo que quieres para elevar tu ego y encajar ante una sociedad consumista, materialista, que carece de autenticidad.

El águila dentro de su proceso de transformación se inició en el mundo de la meditación y con ello su capacidad de agradecimiento ha ido creciendo, encontrando cada día nuevas bendiciones en su vida, descubriendo incluso en algunas "pérdidas" repetitivas, un estado de tranquilidad al saber que deudas pasadas se han logrado saldar a través de ello.

Desde luego no todos a su alrededor piensan igual y cuando algo se pierde se genera una tormenta total.

Así que, si aun no lo has hecho, o si lo haces a medias, a partir de hoy decide agradecerlo todo, con mente y corazón abiertos, recordando que todo pasa por y para algo, absolutamente todo, tiene un propósito aunque a veces resulte complicado descifrarlo.

Y recuerda esta frase que al águila le ha ayudado:

"A pesar de que no estoy de acuerdo, a pesar de que me cuesta aceptar , voy a agradecer que si esto esta en mi camino es por algo, que me pertenece, que le pertenece a

mi historia. Y en lugar de odiarlo, pelearme, entrar en conflicto y resistirlo, voy a decir GRACIAS"

Pero no me creas, inténtalo y descubre por ti mismo, su funcionalidad y como con el paso del tiempo logras aumentar esa lista infinita de agradecimientos, sintiendo al hacerlo, un estado de plenitud, satisfacción y completa paz.

Te dejo a continuación un claro ejemplo de agradecimiento:

Elevándose un poco, el águila miró al cielo y desde el fondo de su corazón expresó:

Hoy sólo puedo levantarme y decir ¡GRACIAS! por todo y todos los que me han permitido llegar a donde estoy y ser la perfectamente imperfecta persona que SOY.

Hoy y siempre yo elijo ser débilmente fuerte con todo lo que ello represente.

Mi corazón se siente muy feliz y agradecido con la Vida ¿Por qué? por todo, desde la posibilidad de seguir disfrutando las maravillas de este mundo y las extraordinarias personas que me acompañan en él, hasta las grandes experiencias, retos y aprendizajes de aquellas situaciones con resultados contrarios a lo que yo esperaba.

Agradezco incluso esta cuarentena extendida que me ha permitido profundizar en mi crecimiento intelectual, físico y espiritual.

Tengo todo lo que quiero y sé que tendré cada día mucho más, porque siendo una con el universo, hoy y siempre él me proveerá de todo y más.

Agradezco infinitamente los retos y aprendizajes de cada día pero sobre todo las extraordinarias personas que he conocido, que permanecen siempre, cerca o lejos, con lo mejor de sí, haciendo de mi vida un momento sencillamente tutifruti-encantador.

Definitivamente doy gracias por todas las personitas que he conocido y aquellas que continúan cruzándose en mi camino, formando parte importante en mi vida.

He comprobado que realmente nadie llega solo porque sí, todas han tenido y tienen un súper objetivo. Poder descubrirlo, vivirlo, ¡me encanta! Adoro este juego de la vida tan misterioso y encantador y solo diré ¡¡¡GRACIAS!!!

¿Sientes esa emoción que el águila expresó en cada una de las situaciones anteriores? ¿Puedes sentir como algo en ti cambia cuando lees cada una de las líneas?

Realmente espero que sí y que con ello te des una idea, de lo mucho que se puede agradecer y la inmensa felicidad que ello logra generar.

ELEVANDO TU PODER

..En la vida vas a sufrir 2 dolores:
el de la disciplina o el del arrepentimiento,
¿cuál prefieres?

Un día de lluvia durante la semana, unos pequeños y adorables niños comenzaron a espantarse porque se nublo y el ambiente se oscureció al tiempo que un estruendoso trueno surgió.

Un pequeño comenzó a llorar y pedir estar con su mamá, ante tal situación el águila les dijo que no tenían que preocuparse pues la lluvia es lo mejor que podemos tener, porque con el agua tenemos VIDA. Ante tal comentario surgieron otras buenas razones por parte de los niños, al escucharlos fue posible percatarse de la veracidad de todo ello.

Sin duda la lluvia es de lo mejor que hay pues no solo da vida, también se lleva consigo todo aquello que no resulta funcional, su peculiar sonido puede arrullarte y acompañar tu sueño, refrescando tus ideas y pensamientos.

Con cada gota que cae, se va formando un pequeño charco, riachuelo, mostrando que cada pieza en la vida es importante y por muy pequeña o insignificante que parezca resulta necesaria para completar un todo por completo.

La lluvia es más que sólo agua que cae y se va, es un elemento majestuoso que la vida nos regala y que renueva todo a su paso y tiempo.

Después de una grandiosa lluvia, suele formarse un arcoíris extraordinario que colorea el cielo. Desde luego a veces la lluvia cuando cae con gran afluencia, destruye y se lleva con ella un par de vidas, objetos.

Pero no siempre la lluvia es culpable de ello, ha sido el ser humano al alterar el orden inicial, bloqueando el cauce natural sin pensar en las consecuencias tiempo atrás.

Sin embargo, lo hecho esta y habrá que pensar nuevas formas para salir avantes de todo eso, para redireccionar y evitar en lo posible daños irreversibles tanto al paisaje natural como al ser humano que forma parte del todo.

Y resulta que en la vida, las personas actuamos como la lluvia, a veces regando gotitas para ayudar a nacer, crecer y florecer, otras veces tormentas que ahogan, detienen y destruyen.

Cuando empiezas a crecer, dejando a un lado lo que ya no te nutre, efectuando cambios notables y favorables, las personas comienzan a observarte y si bien algunas se alegraran por ello, otras más envidiaran tu proceso.

Algunas competirán, de otras serás ejemplo, pero habrá también algunas que prefieran ser un constante impedimento. Cualquier situación que surja no podrás controlarla, evitarla, pero si transformarla.

Solo tu tienes la capacidad para tomar de todo algo bueno y teniendo tus objetivos claros, seguir avanzando pese a ello.

Tu poder será mas grande cada vez, ya no pasaras sin ser visto, tu luz brillara como nunca y aunque lo intentes no podrás evitar ser altamente reconocido, pero no desde el ego sino desde la humildad, al ser humanamente amoroso, servicial y proactivo.

Una nueva etapa, con retos y el doble de esfuerzo, para mantenerte y trascender con total impacto en corto tiempo, tus acciones hablaran por ti, dejaras de repetir palabras sin fundamento, dejando que todo lo que eres y en lo que te vas convirtiendo, se refleje en los hechos.

El ego, la soberbia y la envidia no serán mas banderas en tu vida, cuidaras de ser coherente en tu pensar, sentir y actuar, sin perder nunca tu integridad, dejando de lado el que dirán y hacer o dejar de hacer solo por encajar en un grupito.

Darás valor a lo que de verdad importa, sin ser esclavo del dinero, materialismo, vicios y excesos, consciente de la huella que deseas dejar cuando de este mundo terrenal se haya marchado tu cuerpo.

Sin culparte ni ser parte de chantajes emocionales y quejas constantes, evitando hacer juicios anticipados y críticas destructivas.

Comprenderás que la vida es un instante pasajero y que lo único importante y certero es el momento presente, imperfectamente perfecto.

Mirarás al pasado solo para hacer un recuento de todo lo logrado hasta el momento, agradeciendo infinitamente y bendiciendo, cada instante y lección vivida para poder llegar a la cima.

Y cuando finalmente logres todo esto, elevaras tu poder más allá del firmamento, tu limite terrenal, el cielo, sabiendo que al llegar el final de tu travesía por ese mundo pasajero, tu legado será un ejemplo de vida eterno.

El precio a pagar para llegar a ello es alto, pero valdrá la pena hacerlo.

No apagues nunca tu luz, y cuando sientas que brillar te provoca un poco de sufrimiento, recuerda la historia de la serpiente y la luciérnaga y busca en los rayos del sol una chispa que te ayude a recordar porque decidiste iniciar este proceso de reprogramación, transformación y crecimiento.

CAP. 7 NIDO DE AGUILA (UNA NUEVA HISTORIA)

Y el águila se detuvo a pensar un momento, en todo y nada al mismo tiempo, vino a su mente un inquietante sentimiento, indescifrable, inexplicable, incierto.

El día en que sus decisiones tienen que tomar acción está muy cerca. Sus alas cerradas un poco todavía, deberán pronto emprender el tan deseado vuelo.

Pero... ¿Y luego? ¿Quién seguirá cerca a pesar de estar lejos? ¿Quién quedará solo como un buen recuerdo? ¿Quién volará y seguirá junto a ella el vuelo, construyendo, descubriendo, disfrutando, aprendiendo y viviendo?

El primer paso sin duda será el más difícil y seguro aparecerá un poco de miedo, pero una vez levantado el vuelo, nada impedirá disfrutar la libertad y ese nuevo comienzo, con el objetivo de conquistar las alturas y llegar cada día más lejos.

Un día el águila conversaba con el oso y le decía lo feliz y tranquila que se sentía en su pequeño nido, alejado un poco de todo a su alrededor.

-El oso atento escuchaba y sabiamente le preguntó ¿y si eres tan feliz, porque no permaneces ahí?

Aquella pregunta puso a pensar al águila, ella sabía que la respuesta solo era una excusa para no decidir de manera firme y certera el rumbo de su pequeña vida pasajera...

-El oso le recordó al águila un tiempo perfectamente disfrutado y un espacio de retroceso que ya no estaba permitido.

-El águila sigue posponiendo, pensando, imaginando, retrocediendo y avanzando pero sin decidir aún el verdadero rumbo de su camino.

Qué oso tan acertado, qué águila tan indecisa...el tiempo continúa, la vida va deprisa... tal vez pronto se decida, tal vez nunca lo consiga... Así las cosas, así la vida misma...

Una nueva historia llena de posibilidades infinitas es justo lo que anhela seguir construyendo cada día. Un cambio de vida que le permita poner a prueba todo lo vivido, y lograr esa transformación donde se integre todo lo aprendido.

Entonces, ha llegado el momento de hacer un nuevo recuento. Cuando el águila encuentra su propio nido y comienza a construir y hacer realidad sus sueños, sintiendo nostalgia al tener que ir y venir sin poder permanecer es justo cuando descubre que ya esta lista para comenzar esa nueva, anhelada y extraordinaria aventura. Con las alas abiertas de par en par hacia nuevos horizontes es momento de volar.

Y entonces el águila se da cuenta de lo curioso que ha resultado su proceso de transformación, comenzando por ser un polluelo cómodamente enjaulado, viviendo a expensas de lo esperado por los demás, complaciendo, condescendiente, limitando su actuar, con alas aferradas a su cuerpo, cadenas mentales y pretextos interminables para permanecer pese a querer moverse de lugar.

Y cuando finalmente logró descubrir y deshacer cada uno de los eslabones que aprisionaban su mente, alma y corazón, pudo salir de la jaula, pero ahora se mantenía temerosa y aferrada de su rama, a expensas de las circunstancias alrededor, libre pero limitada, sabiendo que solo debía saltar y desplegar sus alas, pero con indecisión constante que le impedía actuar.

Cuando lograba saltar y volar un poco, descubriendo que no pasaba nada malo, se alejaba, pero de inmediato regresaba. Así se mantenía intermitente su vuelo, consciente de poder ir mas allá, pero con miedo de hacerlo, dejando atrás personajes que pudieran necesitarle, adoptando un rol y responsabilidad que no le pertenecían, pero tomándolo como excusa para no dar ese paso firme y construir una nueva vida.

Así paso mucho tiempo, esperando una motivación externa que le permitiera tener valor y tomar esa decisión que solo a ella le correspondía. Tuvo algunos halcones que le animaban y le daban ese apoyo que pedía, pero pese a ello no se decidía y haciendo caso omiso, iba y regresaba pero en la rama se mantenía.

Una noche en que se encontraba reflexionando sobre la vida, una llamada inesperada le hizo aconsejar a un pequeño gorrión lo que en ella misma no aplicaba.

Y entonces como balde de agua helada, todo su ser hizo una pausa y se dijo a si misma mientras ese par de consejos expresaba, que si el gorrión por fin se decidía y acción firme pronto tomaba, ella con mayor razón debería.

Y no solo porque debería sino porque su corazón realmente lo anhelaba, así que sin pensarlo más, conversó con quienes convivía y explicó las razones por las que construir su propio nido deseaba, agradeciendo el apoyo, aprendizajes y respaldo brindado hasta el momento.

Comprendió y así lo hizo saber, que ya había crecido lo suficiente y era capaz de hacerse responsable de si misma, lo cual no significaría romper ese vínculo que los une, sino alejarse un poco del ambiente cíclico para seguir construyendo aparte lo que sabe que su vida necesita.

Y después de eso, el águila tomo lo más indispensable y con un nudo en la garganta pero al mismo tiempo alas ligeras y visión certera, desplego sus grandes alas y emprendió un nuevo viaje, con destino definido y nuevos retos.

El águila confía en que su decisión fue la mejor, justo en el momento perfecto, esperando que ante su partida, aquellos a quienes deja un poco atrás decidan tomar un mejor rumbo en sus vidas y comprendan lo efímera, corta y pasajera que es la misma, desplegando también sus propias alas y eligiendo acciones en función de sí mismas, sin tomar como excusa para no hacerlo, la presencia de la pequeña aguililla.

ABANICO DE POSIBILIDADES INFINITAS

Y entonces el águila voló hasta lo más alto de un peñasco, hizo una pausa, suspiró y miró a su alrededor por un momento, lleno de un hermoso e inquietante silencio.

Muchos pensamientos fueron y vinieron, todos ellos en torno al verdadero sentido de su viaje por la VIDA. La VIDA, esa pequeña y extraordinaria travesía, tan llena de incertidumbre, pesar y agonía pero al mismo tiempo misterio, aventura y alegría.

Y la cuestión es que ha visto partir a varios conocidos últimamente y con ello redescubre que lo único real, verdadero y en apariencia certero es justo el momento PRESENTE.

Entonces... entre tantas actividades, planes, cronogramas, metas, obligaciones y más, las preguntas preguntonas son:
¿hacer lo que debes? o ¿hacer lo que quieres?
¿lo que tu mente juiciosa exige? ¿lo que tu corazón desea?
¿lo que otros esperan? ¿lo que te de la gana y ya?
¿mundo físico? ¿mundo espiritual?
¿porqué?¿para qué? ¿para quién?

Pues bueno, el águila sabe que hay un par de preguntas totalmente obsoletas en su vida, pero con un poco de influencia en ella todavía, por ello ha sido necesario escribirlas.

Sabe también que cada ser presente y ausente han tomado las decisiones más pertinentes en su vida porque así lo consideraron correcto y necesario en su momento.

Sin embargo, elevándose a un nivel más amplio, a nivel físico y espiritual, donde "TENGO", "NECESITO", "DEBO".. transformados en "SOY", "QUIERO","PUEDO". El águila sabe que la vida se reduce a una sola palabra, un complejo y cuestionable sentimiento. A M O R, puro, simple y verdadero, hacia ella, y hacia quienes le rodean, desde la pequeña hormiga y gota de lluvia que cae, hasta la montaña más grande y la unión indescifrable del cielo y el mar en una bella tarde.

.

Así que, si AMOR es la respuesta, sin importar la pregunta, en ello debe enfocarse la motivación, acción y por ende proceso que se vivirá en el pequeño gran espacio que le sea permitido mantenerse volando por este cielo.

Y después de tan tremenda reflexión, el águila desciende y elige, atesora y se compromete solo con aquello que hace vibrar a su corazón, que le da calma y satisfacción y que logra que mente y corazón puedan ser uno en ese camino interminable de aprendizaje y transformación.

Abre sus alas, agradeciendo al sol y recibiendo con firmeza y determinación, las posibilidades infinitas que le regalan el universo y su corazón.

CAMBIO DE VIDA

Y entonces el águila se da cuenta que justamente el final de algo es tan solo el principio de una extraordinaria OPORTUNIDAD, si la sabes aprovechar.

Si no fuera por esos pequeños obstáculos que a veces se nos presentan, no sabríamos de que estamos hechos y no habría más alternativas en esta vida.

Este tan solo es el principio de un mundo extraordinario lleno de POSIBILIDADES INIFINITAS y un camino de muchos triunfos que celebrar.

El águila agradecida esta con todo lo que ha generado ese pequeño empujoncito que su vida estaba esperando, consciente que definitivamente Dios y el Universo jamás se equivocan y nos brindan las herramientas y personas correctas en el momento justo.

Parte de su proceso de crecimiento y transformación se ha concretado, y con el corazón lleno de gozo, el águila desea que todos los aquí en la vida presentes y los que sigan formando parte de ella, logren también convertir sus sueños en metas y finalmente realidades hermosas que den luz a quienes los rodean, dejando a su paso huellas eternamente positivas.

Un abrazo de corazón y que viva el amor siempre, en cada pensamiento, acto y decisión que vendrá de ahora en adelante, pues una etapa culmina pero inicia otra más, llena de aventuras para disfrutar, adecuar, fortalecer o quitar.

El juego continua y con el muchas cosas nuevas llegan, el águila con paciencia y amor las espera, más que lista para seguir escribiendo su historia eterna.

Con la mano en el corazón, mente tranquila y cuerpo relajado, el águila pronuncia muy en alto ¡lo he logrado!, recordando y expresando con una hermosa sonrisa las siguientes palabras:

"Soy amor incondicional... Soy abundancia... Soy fe...soy soluciones... Soy esperanza... Soy adaptación... Soy evolución... Soy una con dios... Soy..... Posibilidades Infinitas"

Gracias querido lector, por llegar hasta el final, el águila y yo deseamos de corazón que tu travesía por estas líneas, te permita crecer y transformar un poco tu vida.

Recuerda que tu misión es más grande que la vida misma, tienes todo y más para lograr lo que deseas, los limites son personales, los fracasos esenciales.

Las decisiones ni buenas ni malas, simplemente elecciones, que te acercan o alejan pero siempre puedes cambiarlas.

Libérate del pasado que te atormenta, atesora el presente que llega y disfruta construyendo con él, un futuro que valga la vida entera.

No te aferres a nada pues la vida es pasajera, disfruta, agradece, bendice y prueba todo lo que te rodea pero evita ser esclavo y construir con ello cadenas. Opta por aquello que a tu vida suma y te libera.

Escucha tu corazón y cuando sientas que la vida te pesa, haz una pausa, respira y recuerda quién eres, qué quieres, que te ata y que te libera.

En un espacio de meditación y reflexión interna elige de nuevo, reprograma tu camino y si es necesario comienza otra vez pero con una maleta más ligera.

Amate, valórate y agradece siempre por ser quien eres, por la perfecta imperfección que representas y todo lo que has vivido hasta hoy, sin querer borrar ni una sola experiencia, pues todo ello te ha complementado y ha forjado al ser humano que desde antes de nacer habías deseado.

ANEXOS

SANACION DEL NIÑO INTERIOR
https://www.youtube.com/watch?v=2WgmTVUczME&t=10s

SANANDO A PAPA
https://www.youtube.com/watch?v=avGmqEnkn64

LIBERANDO A MAMA
https://www.youtube.com/watch?v=dHLCDOnXMk8

LIBROS QUE PUEDEN SEGUIR APOYANDO TU PROCESO DE CRECIMIENTO Y TRANSFORMACIÓN, RETOMADOS POR EL ÁGUILA.

- **"TUS ZONAS ERRONEAS"---**WAYNE DIER

- **"EL EFECTO COMPUESTO"---**DARREN HARDY

- **"Y COLORIN COLORADO, ESTE CUENTO AUN NO SE HA ACABADO"----**ODIN DUPEYRON

- **"¿PORQUE CAMINAR SI PUEDES VOLAR?"----**ISHA

- **"TU PUEDES SANAR TU VIDA"----**LOUISE L. HAY

- **"¡YA SUPÉRALO!, TE ADAPTAS, TE AMARGAS O TE VAS"**
  CESAR LOZANO

- **"LOS 4 ACUERDOS"**
  DR MIGUEL RUIZ

AGRADECIMIENTOS FINALES

Agradezco a mis fieles seguidores en redes sociales, por compartir conmigo un poco de su valioso tiempo, por sus likes, comentarios y me encanta que aún siendo simples cuestiones del mundo tecnológico, contribuyeron de algún modo en una parte de mi vida.

Gracias a quienes compartieron también viajes, aventuras, risas y momentos de tristeza y agonía, por permitirme descubrir nuevos lugares y hacerme partícipe de sus historias de vida.

Gracias a quienes acudieron a mí en busca de un consejo, un tiempo de escucha compartida y un par de llamadas de ayuda requerida, pues me hicieron ver la importancia que tiene mi contribución y al mismo tiempo aumentaron mi sabiduría.

Gracias a quienes pese a la insistencia no me dieron la oportunidad de contribuir a mejorar sus días pues con ello fui capaz de comprender que no siempre por mucho que se quiera a otros y no resulte grato verles pasando por malos momentos, si deciden que prefieren sobrellevar solos sus procesos, lo mejor es respetar su decisión, mantenerse al margen y recordar que no estamos aquí para salvar vidas ni reconstruir heridas sino para compartir pequeños instantes y transformar nuestra propia travesía.

Gracias a quienes lograron despertar en mi sentimientos de frustración, decepción, tristeza, impotencia, coraje o ira pues me ayudaron a reconocer que no todo en la vida es alegría, que tenemos muchas otras emociones que debemos experimentar y lo mejor es expresarlas, evitando reprimirlas para lograr sanar y mantenerse avanzando sin ataduras ni realidades a medias o llenas tan sólo de fantasías.

Gracias por todo y nada, por ser, estar y mantenerse o alejarse pero al hacerlo ayudarme a ser más fuerte y sobretodo contribuir a construir la mejor versión de mi cada día.

Por todo y más el día de hoy doy gracias y al mismo tiempo aprovecho para desearles el mejor de los éxitos, y más allá de una lista interminable de propósitos o deseos, construyan planes de acción que les permitan hacer posible todo lo que requieren para tener una mejor calidad de vida.

Objetivos claros y metas definidas pues de lo contrario, palabras que no son seguidas de acciones, continuarán sin sentido por un tiempo indefinido.

Y recordemos que la vida es solo HOY, un pequeño instante que no vuelve a repetirse y si no se vive aquí y ahora con los 5 sentidos, seguiremos viviendo sin vivir y rodeados de inservibles vacíos.

Tu decides qué, cómo, cuándo y para qué ¿Porqué? Es realmente una pregunta sin respuesta que no tiene sentido.

En fin... deseo de corazón que si anhelan un cambio, transformación o modificar su recorrido, les resulte favorablemente positivo.

Éxito, bendiciones y que a partir de hoy inicien un nuevo capítulo, creando cada día una mejor versión de su propio libro.

NOTAS PERSONALES

NOTAS PERSONALES